中网

CHINA OPEN

本土化发展之路

高守东◎著

安徽师范大学出版社

ANHUI NORMAL UNIVERSITY PRESS

·芜湖·

图书在版编目(CIP)数据

"中网"本土化发展之路 / 高守东著. -- 芜湖 : 安徽
师范大学出版社, 2024. 11. -- ISBN 978-7-5676-6763-1

Ⅰ. C845.739

中国国家版本馆 CIP 数据核字第 2024PK7311 号

"中网"本土化发展之路

高守东◎著

责任编辑：吴俊瑶　　　　　责任校对：舒贵波
装帧设计：张　玲　姚　远　　责任印制：桑国磊
出版发行：安徽师范大学出版社
　　　　　芜湖市北京中路2号安徽师范大学赭山校区　邮政编码：241000

网　　　址：http://www.ahnupress.com/
发 行 部：0553-3883578　5910327　5910310（传真）
印　　　刷：苏州市古得堡数码印刷有限公司
版　　　次：2024年11月第1版
印　　　次：2024年11月第1次印刷
规　　　格：700 mm × 1000 mm　1/16
印　　　张：14.75
字　　　数：200千字
书　　　号：ISBN 978-7-5676-6763-1
定　　　价：56.80元

凡发现图书有质量问题,请与我社联系(联系电话:0553-5910315)

前　言

2010 年，国务院办公厅印发《关于加快发展体育产业的指导意见》指出，"借鉴吸收国内外体育赛事组织运作的有益经验，探索完善全国综合性运动会和单项赛事的市场开发和运作模式；支持地方根据当地自然人文资源特色举办体育竞赛活动，鼓励企业举办商业性体育比赛，积极引进国际知名的体育赛事，努力打造有影响、有特色的赛事品牌"。2018 年，国务院办公厅印发《关于加快发展体育竞赛表演产业的指导意见》指出，"鼓励网球、自行车、拳击、赛车等有条件的运动项目举办职业赛事，建立具有独立法人资格的职业联赛理事会，合理构建职业联赛分级制度"。据此，引进和打造职业体育赛事成为我国体育产业发展的出发点和着力点。中国网球公开赛（简称"中网"）是一项综合性网球赛事，隶属于国际网球联合会（ITF）、职业网球联合会（ATP）、国际女子网球协会（WTA）等网球管理机构的年度赛事。中网已发展为亚洲地区项目设置齐全、参赛球员众多、总奖金高的国际网球综合性赛事。中网在创办之初就提出"第五大满贯"这一目标。然而，能否实现、如何实现等都是摆在中网发展过程中亟须分析和解决的现实问题。四大网球公开赛是指澳大利亚网球公开赛（简称"澳网"）、法国网球公开赛（简称"法网"）、温布尔登网球锦标赛（简称"温网"）以及美国网球公开赛（简称"美网"），亦称四大满贯，隶属于大满贯委员会年度网球赛事。四大网球公开赛是国际上影响最大、水平最高的职业网球赛事，以其高额的奖金和积分，吸引了世界顶级选手的参与。从理论上讲，认识和把握西方职业体育运行的规律体系，充分吸收其经验，然后进行本土化建构，这对中网的发展大有裨益。对四大网球公开赛和中网进行比较分析，这有助于认识中网与四大网球公开赛差距所在，有助于解决中网发展中所遇到的一些瓶颈问题。同时，我们要根据自己的国情，在充分吸收和借鉴外来经验的基础上，开创一条更加稳健、更有效率的中网本土化发展道路。

本书共分为六章，第一章概述了国际网球管理机构及其赛事推广的基本情况。国际网球管理机构由ITF、ATP、WTA、大满贯委员会等组成，它们之间是独立、竞争与合作的关系，形成了网球运动的利益共同体。世界各地的职业网球赛事由这些网球机构管理，形成了一个层次分明的"金字塔"式赛事体系，其中，四大网球公开赛级别最高、影响最大，处于"塔尖"位置。本章有助于读者了解职业网球赛事的管理者、推广者以及他们之间的关系，从而对四大网球公开赛与中网赛事有更为清晰的认识。

第二章深入探讨了四大网球公开赛与中网发展历程。本章分析四大网球公开赛的悠久历史、独特的赛事文化和经营模式，以及四大网球公开赛都从封闭到开放、业余到职业的转变过程。同时指出了四大网球公开赛面临的机遇和挑战，即市场不断向海外扩张、改革与创新交融、内部竞争与外部风险变大和比赛时间被压缩等。本章指出中网处于起步阶段，赛事底蕴不深、球迷市场不活跃等是其发展的主要制约因素。此外，本章还强调了中国竞技网球目前面临的发展机遇。

第三章对四大网球公开赛与中网赛事进行了多层面比较分析。从社会、经济、文化、科技等宏观层面，比较四大网球公开赛与中网发展的外部环境，明确不同政治体制、经济发展水平、文化差异等都是影响赛事成长与发展的直接因素。中观层面的分析聚焦于职业网球的赛事结构、运行机制、举办城市等，以揭示四大网球公开赛及中网的赛事产业层面或行业层面的发展现状。微观层面的比较则深入赛事组织和赛事参与群体，包括赛事场馆、赛事规章制度、赛事产品与服务、赛事营收、赛事风险管理、赛事组织设计和运营团队、赛事风险、赛事品牌等方面，客观地分析四大网球公开赛与中网的赛事运营的关键要素。本章主要围绕四大网球公开赛与中网的宏观、中观和微观层面进行要素分析，更加全面、直观地剖析两者之间差距及其原因所在。

第四章总结了四大网球公开赛的成功经验及其对中网发展的启示。四大网球公开赛的成功经验包括：政府与社会的强力支持、注重赛事文化与品牌建设、合理的营收结构、注重网球推广普及与青少年培养、商业化与公益化并重、秉承可持续发展理念。这些经验为中网发展提供了借鉴，具体启示包括：加强中国网球协会的自我发展能力，构建政府、协会与中网的联动机制，优化中网营收结构，提升中网品牌核心竞争力。本章重点分析四大网球公开赛的成功经验，为中网本土化发展提供参考。

第五章通过SWOT分析法对中网的本土化发展进行了深入研究。分析指出，中网的优势在于其拥有与四大网球公开赛相媲美的场馆设施，同时中国城市居民收入的增长、城市化进程的加速以及中产阶级的扩大为中网的发展提供了坚实的基础和动力。然而，中网也面临着一些劣势和威胁，如电视转播权的获取、缺乏本土球星以及赛事之间的无序竞争等问题，这些都是中网需要克服的挑战。本章通过SWOT矩阵分析，为中网如何利用自身优势和机遇，同时规避和应对潜在风险提供了策略和建议。

第六章提出了优化中网本土化发展的策略。首先，明确目标，构建中网的品牌竞争力；其次，抓住机遇，扩大中网的市场影响力；再次，通过开源节流的方式增加中网的营收；最后，团结各方面力量，共同推动中网实现其发展愿景。本章在参考四大网球公开赛的成功经验并结合当前实际情况的基础上，为中网的本土化发展提供了具体的策略和建议。

　　本书尝试从系统论的角度，对四大网球公开赛与中网在宏观、中观、微观三个层面进行比较分析，旨在为职业网球赛事品牌竞争力的理论研究贡献一份力量，并努力为职业网球赛事的经营与管理理论体系增添新的研究视角。同时，本书通过分析中网在发展过程中遇到的挑战，以及梳理四大网球公开赛的成功经验，希望能够为中国网球公开赛迈向"第五大满贯"的目标提供一些参考和借鉴。

目　录

第一章 国际网球管理机构及其赛事推广

第一节 国际网球管理机构

国际网球联合会（ITF）、职业网球联合会（ATP）、国际女子网球协会（WTA），以及大满贯委员会既是国际网球管理机构，又是职业网球赛事推广者。每年，近千站职业网球赛事在世界各地有序上演，这很大程度上得益于ITF、ATP、WTA，以及大满贯委员会等国际网球管理机构的良性运行和相互协调。为揭开职业网球赛事的"真面貌"，我们有必要对国际网球管理机构及其赛事推广进行梳理。

一、国际网球联合会（ITF）

国际网球联合会（International Tennis Federation，简称ITF）成立于1913年，总部位于英国伦敦，是国际网球管理机构。其主要职责是在全球范围内推广18岁以下男、女网球巡回赛，包括挑战赛、希望赛和卫星赛等。此外，2024年，ITF制定了一项新的长期可持续发展计划，旨在不断扩大网球在全球范围内的影响。国际网球联合会主席大卫·哈格蒂指出，国际网球联合会的首要任务是通过鼓励更多的人去打球、关注和观看网球比赛，并通过维护网球运动的价值观和完整性来领导网球运动在全世界的开展。

二、职业网球联合会（ATP）

职业网球联合会（Association of Tennis Professionals，简称ATP）成立于1972年，总部位于英国伦敦，是男子职业网球巡回赛的管理机构。1973年8月23日，ATP开始使用计算机系统排名，1976年3月1日，ATP双打官方排名系统正式开始运作。2008年，ATP由球员协会转变为体育管理机构，这是男子职业网球划时代的一次变化。ATP决策机构为董事会，董事会成员由ATP球员工会推选，ATP球员工会是代表球员利益的组织，董事会由一位主席、三位赛事代表和三位球员代表组成，现任ATP球员工会主席为凯文·安德森。其中，三位球员代表分别来自世界排名1～15、16～50和51～100不同排位段，这种"阶梯式"人员结构能够最大限度地代表和权衡赛事与球员之间的利益。

三、国际女子网球协会（WTA）

国际女子网球协会（Women's Tennis Association，简称WTA）成立于1973年，总部位于美国佛罗里达州的圣彼得斯堡，是女子职业网球巡回赛的管理机构。有来自近100个国家的2500名左右的注册球员。每年WTA在全球29个国家和地区中组织50多站比赛，即WTA顶级强制赛、WTA超五巡回赛、WTA顶级巡回赛、WTA国际巡回赛、WTA超级精英赛、WTA年终总决赛等。

四、大满贯委员会

1989年，四大满贯，即澳大利亚网球公开赛、法国网球公开赛、温布尔登网球锦标赛和美国网球公开赛，联合成立了大满贯委员会。大满贯委员会是ITF下属的一个机构，由四个主要国家网球协会组成，包括澳大利亚网球协会、法国网球联合会、美国网球协会以及英国网球协会。

ITF通过大满贯委员会与赛事组织者紧密合作，提供包括行政管理、赞助、裁判和媒体支持等在内的各项服务，以确保赛事的顺利进行和网球运动的健康发展。

第二节　职业网球赛事推广

一、四大满贯

四大满贯是指世界公认的网球赛事中最高级别的四个赛事，即澳大利亚网球公开赛、法国网球公开赛、温布尔登网球锦标赛以及美国网球公开赛，并称为四大网球公开赛。1923年，ITF在巴黎召开股东大会，四大满贯的名分被正式确定下来。四大满贯拥有职业网球赛事中最高积分和奖金，男、女单打冠军可获得2000个积分，奖金之高也是其他职业网球赛事望尘莫及的。

二、WTA世界巡回赛

WTA世界巡回赛包含全球64站赛事，如WTA世界巡回赛强制赛（皇冠赛）、WTA年终总决赛、WTA超级精英赛、WTA国际巡回赛等。

（一）WTA世界巡回赛强制赛（皇冠赛）

WTA世界巡回赛强制赛是仅次于四大满贯的赛事，又称皇冠赛，男、女单打冠军可获得1000个积分和不菲的奖金。WTA皇冠赛明确要求世界排名前10的选手参加比赛，若不参加将受到WTA扣除积分和奖金的处罚。WTA皇冠赛有"中国网球公开赛""迈阿密公开赛""马德里公开赛"以及"印第安维尔斯公开赛"，全球共计4站。

（二）WTA年终总决赛

WTA年终总决赛创办于1972年，年终排名1～8单打和双打选手方可参加，10年为一个周期，总奖金高达1400万美元；同时，男、女单打冠军将获得1500个积分。2019—2028年，WTA年终总决赛在中国深圳举办。

（三）WTA超级精英赛

WTA超级精英赛创办于2015年，首届WTA超级精英赛在中国珠海举办，明确规定年终排名9～19单打和双打选手必须参加，总奖金高达235万美元，男、女单打冠军可获得700个积分。

（四）WTA国际巡回赛（超五赛）

WTA国际巡回赛（超五赛）是由WTA主办的较高水平的网球赛事，男、女单打冠军将获得900个积分和高达200万美元的奖金，包括多哈、罗马、蒙特利尔、辛辛那提和武汉网球公开赛，全球共计五站。

（五）WTA顶级巡回赛

WTA顶级巡回赛包括悉尼、东京、莫斯科、斯坦福、郑州等12站赛事，男、女单打冠军将获得470个积分。

（六）WTA国际巡回赛

WTA国际巡回赛包括广州、深圳、天津、江西等32站赛事，男、女单打冠军将获得280个积分。

（七）WTA 125系列赛

WTA 125系列赛是WTA世界巡回赛中级别最低的赛事，WTA全年共设16站WTA 125赛事，男、女单打冠军将获得160个积分。

综上所述，依据不同的积分和奖金，WTA国际巡回赛分成了七个等级赛事，目前，国内几乎包含了所有级别的职业网球赛事，尤以WTA年终总决赛最为耀眼，这些赛事一方面助推了网球运动在中国的快速发展，另一方面为我国女子球员成长与发展提供了绝佳的锻炼机会。

三、ATP世界巡回赛

ATP世界巡回赛是指遍布全球的男子职业网球赛事，包括ATP 1000系列赛、ATP 500系列赛、ATP 250系列赛、ATP年终总决赛、ATP新生力量总决赛、ATP杯、拉沃尔杯等。其中，ATP世界巡回赛是以积分多少来命名的，ATP 1000赛事男、女单打冠军将获得1000个积分，ATP 500赛事男、女单打冠军将获得500个积分，以此类推。ATP赛事分布在欧洲区、美洲区和国际区（除了欧洲和美洲之外统称国际区），全年共计68站赛事。

（一）ATP 1000

ATP 1000是ATP世界巡回赛系列赛，简称为"ATP 1000大师赛"或

"ATP大师赛"，该系列赛影响力仅次于四大满贯和ATP年终总决赛，分布在欧洲、亚洲以及北美洲，全年共计9站赛事。ATP 1000大师赛明确要求世界同期排名前20的选手参加比赛，男、女单打冠军将获得1000个积分。

（二）ATP 500

ATP 500是ATP世界巡回赛系列赛，分布在欧洲、亚洲、南美洲以及北美洲，全年共计13站赛事，男、女单打冠军将获得500个积分，中国网球公开赛便是其中一站。

（三）ATP 250

ATP 250是ATP世界巡回赛的系列赛，分布在欧洲、亚洲、南美洲、北美洲以及非洲，全年共计40站比赛事，男、女单打冠军将获得250个积分，深圳网球公开赛和成都网球公开赛是其中两站。

（四）ATP年终总决赛

2000年，由四大满贯、国际网球锦标赛和ATP世界锦标赛共同为男子网球赛季创造了终曲——网球大师杯。2009年，网球大师杯举办10年之后，更改名为ATP年终总决赛（网球大师杯总决赛），即每年11月初在伦敦球馆举办。比赛设单打和双打，采用先循环后淘汰制，年终排名前8的选手有资格参加，男、女单打冠军将获得1500个积分。按照ATP的相关规定，年终总决赛五年为一周期，2021—2025年，意大利都灵获得ATP年终总决赛的主办权。

（五）ATP新生力量总决赛

ATP新生力量总决赛创办于2017年，由8位21岁以下表现出众的选手参与，规则与ATP年终总决赛略有不同，该项赛事规则更多体现的是改革创新，常常作为对网球规则修改前的"试金石"。首届ATP年终新生力量总决赛地点选择在时尚之都米兰也别有一番用意。

（六）ATP杯

2019年，职业网球协会与澳大利亚网球协会共同创办了ATP杯（网球男子团体赛）。ATP杯是一项以国家为单位的团体赛，设有24个支队。ATP杯作为澳网系列赛的重要组成部分，为期10天的首届ATP杯在澳大利亚悉尼举办，塞尔维亚队获得冠军。

（七）拉沃尔杯

2017年，为纪念罗德·拉沃尔对世界网球所作出的贡献，由罗杰·费德勒倡导的拉沃尔杯男子团体赛应运而生，比赛采用单打和双打相结合的形式，以及第一比赛日每一场比赛获胜者获1分、第二比赛日赢一场获2分、第三比赛日赢一场则获3分的特殊计分办法。首届拉沃尔杯在瑞士举办，为期3天的比赛中，来自世界各地的男子球星组成的"世界队"和来自欧洲男子球星组成的"欧洲队"进行对抗赛表演。教练由网球史上著名球星担任，2019年，美国的约翰·麦肯罗任世界队教练，西班牙的约思·博格担任欧洲队教练。拉沃尔杯更多的是体现娱乐性和商业性。

四、ITF国际巡回赛

（一）戴维斯杯

戴维斯杯始建于1900年，是国际网球联合会所负责组织的赛事。赛事于一年中分散的数个星期、于多个地点举行，每年产生一个戴维斯杯总冠军。为顺应时代发展，2019年，戴维斯杯迎来一系列改革：取消了分轮次、主客场的旧传统；赛制由原来的5场减至3场、5盘3胜改为3盘2胜；参赛队伍由两支扩大为18支进行决赛；赛程由原来至多3天延长为7天。

（二）联合会杯

联合会杯始建于1963年，是世界上规模最大、级别最高的年度女子团体赛事。采用主、客场制，与戴维斯杯相比，联合会杯发展总体平稳有序。

（三）ITF巡回赛

ITF巡回赛是指全世界范围内推广的16岁以下男、女网球巡回赛，包括挑战赛、希望赛和卫星赛等。ITF巡回赛是青少年成长的重要渠道，也为青少年运动员转入职业球员提供高质量的实战机会。由于缺乏关注度，ITF巡回赛自然很难吸引到赞助商和转播商，赛事奖金普遍不高。2016年，ITF女子巡回赛566站，欧洲约占53%；ITF男子巡回赛646站，欧洲约占55%。不难发现，ITF巡回赛绝大多数在欧洲举办，这些数量繁多、结构合理的ITF巡回赛为欧洲青少年选手成长与发展发挥了重要作用。ITF赛事多以奖金来命名，如ITF 100K赛事，即总奖金为10万美金的赛事；ITF 60K赛事，即总奖金为6万美金的赛事；ITF 25K赛事，即总奖金为2.5万美金的赛事；ITF 15K赛事，即总奖金为1.5万美金的赛事；等等。少数ATP和WTA低级别巡回赛也是以奖金来命名的，如WTA 125K巡回赛，即总奖金为12.5万美金的赛事；ATP 150K赛事，即总奖金为15万美金的赛事；等等。此外，欧洲国家在联合会的支持下，以青少年运动员为主，推行了青少年网球巡回赛，目的就是让青少年选手通过这些巡回赛来快速提升他们的竞技水平。

五、四大满贯、ITF巡回赛、WTA巡回赛、ATP巡回赛赛事等级结构

从四大满贯、ITF巡回赛、WTA巡回赛、ATP巡回赛的赛事级别和数量来看，赛事等级结构形似于"金字塔"模型，由ITF推广的赛事构成了"塔底"，WTA与ATP推广的赛事构成了"塔身"，四大满贯处于"塔尖"。通过进一步研究，从四大满贯、ITF巡回赛、WTA巡回赛、ATP巡回赛的赛事分布和安排看，可以将四大满贯、ITF巡回赛、WTA巡回赛、ATP巡回赛比喻为"圆上若干点"，那么，四大满贯就是这圆上最重要的四个关键节点，而这四个点将圆分成四个部分，对应四个赛季，而ITF巡回赛、WTA巡回赛、ATP巡回赛就穿插在不同的赛季内。如澳网到法网这个赛季，会安排ITF巡回赛、WTA巡回赛以及ATP巡回赛"红土"赛季，其目的就是帮助球员适应红土打法或者说为法网热身；法网到温网这个赛季，会安排ITF巡回赛、WTA巡回赛以及ATP巡回赛"草地"赛季，其目的就是帮助球员适应草地打法或者说为温网热身。ITF巡回赛作为青少年赛事，发挥了锻炼新人的作用，也给"球探"或经纪人提供考察和发现新人的机会，很多球星在四大满贯的青少年赛事中就崭露头角，如罗

杰·费德勒、玛丽亚·莎拉波娃、塞雷娜·威廉姆斯等。因此，就赛事的影响力而言，ITF巡回赛很难通过商业化来获得发展，但ITF巡回赛却源源不断地为WTA巡回赛、ATP巡回赛提供后备力量。总之，从ITF巡回赛到WTA巡回赛和ATP巡回赛，再到四大满贯，赛事的级别越来越高，赛事的数量却越来越少。就举办权而言，这些赛事中一部分是永久性购置赛事举办权的，如四大网球公开赛、中网和上海劳力士大师赛等；一部分是短期（一般为5年）购置赛事举办权的，如ATP巡回赛、WTA巡回赛和ITF巡回赛等。通常情况下，这些大大小小的赛事每年周而复始地在固定地点和时间节点有序上演，形成了世界职业网球年度巡回赛。

ITF负责在世界范围内普及与推广网球运动，尤其是青少年网球运动；ATP负责世界成年男子职业网球巡回赛；WTA负责世界成年女子职业网球巡回赛；大满贯委员会协助四大网球公开赛的运营与管理。长期以来，四大满贯与ATP巡回赛、WTA巡回赛以及ITF巡回赛彼此之间形成了利益共同体。笔者认为四大满贯是贯穿全年网球巡回赛的四个关键节点，ATP、WTA、ITF所推广的不同级别赛事按照一定规律穿插其中，如法网前的红土赛季、温网前的草地赛季以及美网前的硬地赛季等，构成了一个成熟而又稳固的赛事体系，进而保障了彼此之间利益最大化。

除四大满贯外，ATP巡回赛、WTA巡回赛、ITF巡回赛共同特征是不同级别的赛事有着相应的积分和总奖金要求。在总奖金方面，ATP、WTA都设底线，ATP 1000总奖金不少于200万美元、WTA皇冠赛总奖金不少于200万美元。四大满贯的冠军积分都是一样的，即男、女单打冠军都将获得2000个积分，只是奖金虽没有统一标准，但大致相仿。研究表明，ATP 250赛事每年净利润约12.5万美元、ATP 500赛事每年净利润约110万美元。事实上，大部分低级别赛事的盈利能力有限，它们超过70%的收入来自赞助商。2018年，全世界有13个ATP 250赛事处于亏损状态，赛事组委会被迫出售巡回赛的举办权。高额的奖金仅限于四大满贯、年终总决赛以及 ATP、WTA 高级别巡回赛，而低级别的 ATP 巡回赛、WTA 巡回赛以及 ITF 赛事，除教练团队和亲友团之外鲜有现场观众，赛事自然很难吸引到赞助商和转播商，球员往往为了锻炼自己和挣一点积分才去参加此类赛事。由此，如何帮助低级别赛事生存与发展是国际网球管理机构长期需要面对和解决的棘手问题。

六、ATP巡回赛、WTA巡回赛和四大满贯积分与选手排名分析

对于职业网球运球员而言，赛事的奖金和积分也是他们关心的一部分。客观而言，职业网球赛事能够有序开展与不同级别赛事奖金和积分的设置有一定的关系。奖金是职业球员的经济来源之一，尤其是低排位球员，影响其生存与发展；而积分是职业网球选手世界排名（每两周调整一次）的唯一依据，排名高低不仅是球员参加不同赛事级别的资格条件，也是球员体现价值的依据。排名越高也就意味着选手能参加更高级别的赛事，赛事级别越高意味着奖金越高，相应的积分越高。此外，四大满贯、ATP、WTA 以及 ITF 的网球赛事均采用淘汰制，淘汰制编排的一大原则就是排名第一的选手首轮对阵会轮空或与排名最低的选手，排名第二的选手首轮将对阵排名倒数第二的选手，依此类推。当然，四大满贯不存在轮空现象，即便是比赛前有选手临场退赛，也会紧急召回替补选手，这名获得参赛资格的选手在网球比赛中被称为"幸运失败者"。由此可见，从职业网球比赛实行淘汰赛制来看，每一轮对阵选手的排名也就显得格外重要。

（一）ATP 积分计分办法

1973 年，ATP 单打开始使用计算机系统决定排名。1976 年，ATP 巡回赛双打官方排名系统正式启动。ATP 巡回赛多以单打冠军积分来命名，

如 ATP 1000 赛、ATP 500 赛、ATP 250 赛等。通过排名系统，ATP 巡回赛每一轮都有对应的积分（见表1-1）。职业网球巡回赛都采用淘汰制，根据淘汰制的编排规则，种子选手的确定主要来自排名。首先，要将种子选手分在不同半区，避免种子选手之间过早交锋；其次，种子选手的排名越高，首轮对手排名越低甚至轮空。积分是选手排位的直接依据，高积分的赛事对于选手有很强的吸引力，况且，中网作为年终较高级别赛事，选手在中网的表现好与坏，影响其年终排名，进而决定其是否具有参加 WTA 或 ATP 年终总决赛的资格。综上，每年中网女子比赛竞争程度尤为激烈。同样道理，上海劳力士大师赛作为 ATP 巡回赛最后一站大师赛，其重要性也不言而喻。

表1-1　ATP巡回赛单打积分一览表

赛事级别	冠军	亚军	四强	八强	十六强	三十二强	六十四强
四大满贯	2000	1200	720	360	180	90	45
ATP 1000	1000	600	360	180	90	45	25
ATP 500	500	300	180	90	45	—	—
ATP 250	250	150	90	45	20	—	—

（二）WTA积分计分办法

WTA 巡回赛的级别高低依次为四大满贯、顶级巡回赛（96签）、顶级巡回赛（64签）、顶级巡回赛（超五赛）、顶级巡回赛（56签）、顶级巡回赛（32签）、国际巡回赛（32签）和125K系列赛等。除四大满贯冠军获得2000积分外，顶级巡回赛因签位不同，积分也不同，如顶级巡回赛（64签）冠军获得1000积分，而顶级巡回赛（56签）冠军获得470积分，顶级巡回赛（32签）冠军获得470积分（见表1-2），这是因为积分高的赛事对于参赛运动员的世界排名要求就高。相比于 ATP 国际巡回赛，

WTA国际巡回赛的赛事和积分计算更为复杂。

表1-2　四大满贯及WTA巡回赛单打积分一览表

赛事级别	冠军	亚军	四强	八强	十六强	三十二强	六十四强	资格赛
四大满贯	2000	1300	780	430	240	130	70	40
顶级巡回赛（96签）	1000	650	390	215	120	65	35	30
顶级巡回赛（64签）	1000	650	390	215	120	65	10	30
顶级巡回赛（超五赛）	900	585	350	190	105	60	—	30
顶级巡回赛（56签）	470	305	185	100	55	30	—	25
顶级巡回赛（32签）	470	305	185	100	55	—	—	25
国际巡回赛（32签）	280	180	110	60	30	—	—	18
125K系列赛	160	95	57	29	15	—	—	6

（三）四大满贯计分办法

毋庸置疑，每年ATP和WTA的大大小小网球赛事都是围绕四大满贯而设置的，如澳网举办前的硬地系列赛，法网举办前的红土赛季，温网举办前的草地赛季以及美网举办前的系列赛，这些都凸显了四大满贯在网球界的地位。四大满贯重要标签之一就是积分高。以单打为例，四大满贯的男单冠军将获得2000个积分，亚军将获得1200个积分，四强将获得720个积分、八强将获得360个积分、十六强将获得180个积分，以每轮积分减半的原则计分，而ATP 1000巡回赛（最高等级）的男单冠军将获得1000个积分；四大满贯的女单冠军将获得2000个积分，亚军将获得1300个积分、四强将获得780个积分、八强将获得430个积分、十六强将获得240个积分、三十二强将获得130个积分、六十四强将获得70个积分等，而WTA皇冠赛（最高等级）的女单冠军将获得1000个积分。这也就意味着，四大满贯的冠军积分是WTA或ATP最高等级巡回赛冠军积分的2倍、WTA巡回赛超五赛冠军积分的2倍左右、ATP巡回赛500冠军积分的4倍左右、ATP巡回赛250冠军积分的8倍左右。因此，单纯从积分的视角看，问鼎四大满贯是所有职业球员的梦想也在情理之中。此外，WTA为奖励单打选手在四大满贯中的出色表现，女单获胜选手不仅可以得到四大满贯对应轮次的积分，击败排名前500的选手还能获得额外奖励积分（见表1-3）。如击败排名前36~50的选手将获得20个积分奖励；击败排名第5的选手将获得100个积分奖励；击败排名第一的选手将获得200个积分奖励，这相当于一站巡回赛冠军积分。比如，在四大满贯的单打比赛中，选手如果第5轮击败了排名第1的选手，除获得大满贯中的430个积分外，还会获得200个奖励积分，即该选手实际获得630个积分。

表1-3　WTA奖励积分办法(适用四大满贯单打项目)

击败的对手排名	奖励积分
世界排名第1	200
世界排名第2	150
世界排名第3	132
世界排名第4	110
世界排名第5	100
世界排名第6~10	86
世界排名第11~16	70
世界排名第17~25	46
世界排名第26~35	30
世界排名第36~50	20
世界排名第51~75	16
世界排名第76~120	8
世界排名第121~250	4
世界排名第251~500	2

（四）ATP世界排名前100选手分析

根据2018年3月5日ATP官方网站即时排名信息可知，ATP排名前100的选手中，前5名的国家分别是法国（10人）、西班牙（9人）、美国（9人）、德国（8人）和阿根廷（7人）。法国网球协会拥有法网举办权，每年法网盈利约3亿美元，而其中很大一部分用于开展社区网球和培养本国网球选手，以卡罗琳·加西亚和克里斯汀娜·梅拉德诺维奇为新生代代表，法国历史上网球球星辈出，由于本土球星众多，法网票房不因个别顶级球星的缺阵而受影响。西班牙以红土打法著称，连续多年世界排名第一，还不乏帕布洛·卡雷尼奥·布斯塔、罗伯托·布蒂斯塔·阿古特等顶级选手。美国也曾培养过红极一时的皮特·桑普拉斯、安德烈·阿加西和张德培等，进入21世纪，相比女子选手，男子选手要逊色一点。德国网球历史上，以鲍里斯·贝克尔为代表的男子选手也曾一度辉煌，以新生代为代表的德国男子选手亚历山大·兹维列夫，现已成为国际网坛一支重要力量。阿根廷不仅因足球而闻名世界，以胡安·马丁·德尔波特罗为代表的阿根廷选手在世界网坛表现同样耀眼。表1-4为美国、英国、法国、澳大利亚及中国ATP排名前100名单打选手情况一览表。

表1-4 美国、英国、法国、澳大利亚及中国ATP排名前100名单打选手情况一览表

单位：位

排名	美国	英国	澳大利亚	法国	中国
第0~10	1	0	0	0	0
第11~20	1	0	1	1	0
第21~50	2	2	0	5	0
第51~100	5	0	3	4	0
合计	9	2	4	10	0

注：资料来自ATP官方网站，https://www.atptour.com/en；根据2018年3月5日排名整理。

（五）WTA世界排名前100选手分析

根据2018年3月26日的WTA即时排名信息可知，WTA排名前100选手中，前五名的国家分别是美国（14人）、捷克（8人）、俄罗斯（8人）、德国（6人）和罗马尼亚（6人）。这五个国家中，除美国外，其他四个国家均来自欧洲。捷克人口不多，却盛产顶级网球选手，这与捷克国家网球协会多年的努力是分不开的。尽管俄罗斯国内没有几站顶级网球赛事，而俄罗斯女子选手在世界网坛独树一帜，每个时期都有顶级选手，其中就有最具商业价值的女子网球选手玛丽亚·莎拉波娃。作为体育强国，网球运动在德国开展较好，曾培养了世界网球历史上最成功的女选手之一的施特菲·格拉芙、新生代球星安杰利克·科贝尔等，正是在这些球星的影响和激励下，一代又一代的德国选手砥砺前行。近年来，罗马尼亚也成为世界网坛不可忽视的一支力量。表1-5为美国、法国、英国、澳大利亚及中国WTA排名前100名单打选手情况一览表。

表1-5 美国、法国、英国、澳大利亚及中国WTA排名前100名单打选手情况一览表

单位：位

世界排名	美国	英国	澳大利亚	法国	中国
第0~10	1	0	0	1	0
第11~20	3	1	1	1	0
第21~50	1	0	2	1	2
第51~100	9	1	1	1	2
合计	14	2	4	4	4

注：资料来自WTA官方网站，https://www.wtatennis.com；根据2018年3月26日排名整理。

（六）美国、法国、英国、澳大利亚与中国网球选手排名分析

对于一项赛事的成长与发展而言，尤其是赛事初期，本土球星是至关重要的。球迷除关注心仪的球星外，还关注本土球星的表现。然而，随着赛事的成熟，单纯依赖本土球星的四大满贯赛事已不复存在，纵观每年的四大满贯赛事，在缺乏本土球星的参与之下，球赛依然一票难求。不同于其他大满贯赛事，美网门票的价格采用"适时价格"，2018年，美网八分之一决赛罗杰·费德勒输给约翰·米尔曼之后，于是，阿瑟·阿什球场四分之一决赛的门票价格暴跌77%，即由原来的每张262美元降至61美元。2019年，丹尼尔·梅德韦德夫对阵拉菲尔·纳达尔的美网决赛，几乎所有俄罗斯电视观众都在收看电视转播，估计80%的人之前并不知道丹尼尔·梅德韦德夫，但他们却非常关注本国选手表现。无疑，对WTA和ATP世界排名前100选手分布研究，有助于了解时下网球选手的地域分布现状。翻阅四大满贯的发展史，本土球员的表现都发挥了重要作用。从美、法两国选手排名呈"金字塔"状不难发现，美国和法国都十分注重本土年轻选手的培养，比如，美国的大、小威廉姆斯（维纳斯·威廉姆斯、赛琳娜·威廉姆斯）、麦迪逊·凯斯等优秀选手；法国的卡罗琳·加西亚和克里斯汀娜·梅拉德诺维奇等优秀选手，正是有很多本土球星的参与，法网就不用担心因国际巨星的缺席而影响票房收入。而英国人对本土年轻选手培养重视程度不够，自蒂姆·亨曼退役后（2007年），直到安迪·穆雷获得温网冠军（2013年），近6年时间英国男子选手在四大满贯赛场上几乎没有良好表现。2013年，安迪·穆雷获得温网冠军，引起英国全媒体的轰动，安迪·穆雷也因此"一战成名"。澳大利亚历来重视本土选手培养，拥有阿什莉·巴蒂、萨曼莎·斯托瑟和达里娅·加夫里洛娃等优秀选手，遗憾的是，近年来，澳大利亚选手在

四大满贯的舞台上也表现一般。由此，无论是英国还是澳大利亚的网球协会都意识到问题的严重性，尤其是澳大利亚网球协会已出台一系列青少年发展计划，来重振昔日辉煌，假以时日，澳大利亚将会培养出更多优秀网球选手，2019年世界排名第一的阿什莉·巴蒂就是很好的例子。相比公开赛年代初期，尽管当今世界网坛的格局已经发生了很大变化，但是传统网球强国的底蕴仍然不容小觑。另外拥有四大满贯赛事的传统网球强国英国和澳大利亚，虽然职业球员人才储备没有那么雄厚，但他们像美国一样，吸引了很多移民球员，从中受益匪浅。

我国竞技网球选手表现可谓"阴盛阳衰"。截至2014年，李娜最高排名一度飙升至世界第二，创造了中国竞技网球历史纪录。"后李娜"时代，中国竞技网球缺乏领军人物，尽管中国大陆女子选手也展露出较强实力，如张帅、王蔷和段莹莹。可是，除王蔷外，她们的年龄都在30岁左右，提升空间有限。中国女子网球选手王蔷接过接力棒，2018年赛季，在澳大利亚著名教练皮特·麦克纳马拉的调教之下，王蔷取得一系列战绩：广州女子网球公开赛女单冠军、第十四届全运会女单冠军、武汉网球公开赛女单四强以及中国网球公开赛女单四强。2019年，美网结束后王蔷世界排名提升至第12位。

第三节　国际网球管理机构之间的博弈

长期以来，ATP、WTA、ITF与大满贯赛事委员会这全球四大网球管理机构相互之间达成了共识，即通过举办赛事来获取利润，并同时推动网球运动发展，这些机构之间形成了一种既独立又相互竞争与协作的共生发展关系。与ATP以及WTA不同的是，ITF与大满贯赛事委员会是非营利性的体育组织，而ATP与WTA是以营利为目的的运营公司。

一、独立

从 ATP、WTA、ITF 以及大满贯赛事委员会的职责看，它们各自负责某一领域赛事的推广，互不干涉。ATP 主要负责全球范围内男子职业网球巡回赛，WTA 则负责全球范围内女子职业网球巡回赛，ITF 专注于全球青少年网球巡回赛的组织，而大满贯赛事委员会则协助四大满贯赛事的发展。由此说，ATP、WTA、ITF 以及大满贯赛事委员会是完全独立的个体，有着各自的赛程、转播商以及商业合作伙伴等。在网球规则方面，四大网球管理机构既遵守 ITF 制定的网球裁判规则，但也各自有特定的规定，如 ATP 与 WTA 有不同的积分计算办法、WTA 巡回赛中允许教练在比赛中给予指导，等等。

二、竞争

竞争是职业体育的核心特征。在奥运年，职业网球巡回赛与奥运会在球员争夺上存在明显的利益冲突，例如，在 2016 年里约奥运会前夕，很多球员选择代表自己的国家参加奥运会，这导致巡回赛质量有所下降，为了解决这一问题 ATP 和 WTA 要求 ITF 进行经济补偿，而 ITF 难以承担巨额费用，最终，WTA 和 ATP 取消了奥运会积分（网球比赛原本是有积分的），并且没有提供奖金。自然有很多选手选择退出奥运会。自 2019 年起，为提升戴维斯杯的知名度和影响力，ITF 决定将戴维斯杯的举办时间调整至与 ATP 年终总决赛同期。作为对 ITF 这一策略的回应，ATP 随即推出了一个概念相似的新赛事"ATP 杯"，这标志着 ATP 杯与戴维斯杯之间的竞争正式拉开序幕。ATP 杯与戴维斯杯在赛事形式上非常相似，但 ATP 杯之所以具有优势，主要得益于其提供的高额奖金和阶梯式的积分激励机制。在首届 ATP 杯中，塞尔维亚队夺得了冠军，其中诺瓦克·德约科维奇一个人获得了 675 个单打积分和 108 万美元的奖金。ATP 杯与戴维斯杯之间的竞争，本质上反映了 ATP 和 ITF 这两个主要网球管理机构间的利益争夺。两项赛事的举办时间非常接近仅相隔 6 周，而且比赛的成绩也极为相似。对此，拉菲尔·纳达尔表达了他的不满，他认为在一个月内举办两次网球世界杯，这会让观众感到困惑，对网球运动的发展也没有益处。诺瓦克·德约科维奇也表达类似的观点，他认为网球界需要一个超级世界杯的赛事，并希望这能在未来成为现实。戴维斯杯与 ATP 杯之间的时间间隔只有 6 周，顶级球员很难承诺同时参加这两项赛事。网球商业化趋势加剧了国际网球管理机构之间的竞争，使其达到了白热化的程度。ITF 在资助地区协会和青年比赛等方面发挥了重要作用，但由于资金问题，它已无法像过去那样有效地履行这些职责。ITF 为确保这项运动在 205 个国家中发展，其最重要的任务是通过组织或支持所有青少年网球俱乐部来培养新一代选手，并为未来冠军打基础。

继大师杯之后，ATP 创办了年终总决赛，随后又与澳大利亚网球协会创办了 "ATP 杯"（网球男子团体赛）。2019 年，罗杰·费德勒创办了 "拉沃尔杯"。这些赛事的涌现，使得男子网球界出现了一定程度的无序竞争。据相关报道，巴塞罗那著名球星杰拉德·皮克计划投资戴维斯杯，他将在未来 25 年筹集近 30 亿美元的资金支持，目标是将戴维斯杯打造成规格更高、营利性更强的赛事。2020 年是一个不平凡的一年，诺瓦克·德约科维奇、约翰·伊斯内尔和波斯皮·希尔等人纷纷从 ATP 球员工会中辞职，并成立了一个独立于 ATP 的新球员组织——PTPA（职业网球运动协会），这对世界网坛来说无疑是一个爆炸性新闻，它预示着男子网坛内部的利益斗争愈发激烈，ATP 面临着前所未有的挑战。幸运的是 "PTPA" 并没有得到大多数球员的支持，尤其是罗杰·费德勒和拉菲尔·纳达尔都持反对意见。ITF、WTA 和四大满贯委员会都一致表态支持

ATP。尽管在经济利益驱使下，国际网球管理机构甚至大满贯委员会可能面临着分裂的风险。但不可否认的是，不同的网球管理机构之间已经形成了命运共同体。然而，它们之间的博弈预计将长期存在，且有愈演愈烈的趋势。2020年，由ATP和澳大利亚网球协会共同主办的ATP杯，无疑对ITF主办的戴维斯杯构成了挑战。随着网球商业化的不断加剧，拉沃尔杯、ATP杯等新赛事的相继涌现，也对戴维斯杯构成了挑战。可以预见，戴维斯杯的未来形势并不乐观。面对这种情况，戴维斯杯需要做的就是进行改革和创新。

三、协作

ITF、WTA和ATP作为三大国际网球管理机构肩负着推广网球赛事的重任，这就要求它们彼此之间必须相互合作，以协调和安排好每年的赛程。不同管理机构推广的赛事在积分认同方面就表现得非常明显，比如，四大满贯赛事球员排名主要依据WTA和ATP周排名系统的统计结果，此外，ITF举办的男女网球赛事得到了ATP和WTA的认可。为优化赛事资源并提升赛事影响，一些赛事采取了男女合赛的模式，比如，中国网球公开赛、法国巴黎银行公开赛和布里斯班国际赛等，这些赛事的成功举办需要不同网球管理机构之间的通力合作。ITF负责青少年选手的培养，当选手年满16周岁并具备一定实力时，男选手可以加入ATP，女选手可以加入WTA，开始他们的职业网球生涯。至于四大满贯赛事，是由ATP、WTA和ITF这三大组织共同协调，确保运动员能够参与这些顶级赛事。大满贯委员会作为全球最盈利的国际网球组织之一，也会抽取一部分资金来支持ATP、WTA和ITF的发展，尤其是对ITF的资助。四大满贯赛事为大满贯基金贡献了力量，该基金会由ITF管理运作，旨在促进全球网球运动的繁荣。可以说，正是ITF、WTA、ATP和大满贯委员会多年以来的紧密合作，共同推动了职业网球运动的快速和稳步发展。

对于绝大多数职业球员而言，赛事奖金是他们维持生计和日常训练的主要经费来源。2020年，疫情导致赛事取消使得部分球员失去了经济来源，面对这一困境，作为职业网球赛事的利益共同体，不论是大满贯委员会，还是ATP、WTA、ITF这三大网球管理机构，都在积极寻求方法，帮助这些排名较低的选手渡过难关。2020年，在温网倡议下，由ATP、WTA、ITF等网球管理机构联合行动，共筹集了600万美元的资金，用来设立球员援助项目，该项目旨在帮助大约800名排名较低的男女单双打球员渡过难关。这不仅体现了职业网球作为一个大家庭的团结互助精神，同时也最大限度地减轻了疫情对网球运动员的生活、训练和身心健康造成的影响。2020年，法网组委会因坚持按计划举办赛事而未充分考虑其他大满贯赛事的感受，遭到大满贯委员会的批评与质疑，大满贯委员会强调，只有团结一致，网球运动才能保持其竞争力。

第二章 四大网球公开赛与中网发展历程

第一节 古时网球起源与发展

网球运动发展可划分成两个主要时期，即古时网球和近代网球。古时网球发展经历了三个阶段，分别是孕育与萌芽期、宫廷网球发展期以及完善发展期，见表2-1。而近代网球则主要以四大满贯赛事为代表。

表2-1 古时网球发展阶段及特征

时间	阶段	特征
11—14世纪	网球的孕育与萌芽	游戏性
14—19世纪	宫廷网球发展	贵族性
19世纪下半叶	完善发展阶段	竞技性

一、网球的孕育萌芽阶段（11—14世纪）

11世纪法国僧侣为调剂单调乏味的生活，发明了一种用于击打类似于小球的游戏，最初是对墙击球，慢慢发展到两人对打，并在中间系一条绳，室内网球的最初形态就此出现了。12—13世纪，法国的传教士在教堂的回廊里，用手击打一种类似小球的物体来调节他们刻板的教堂生活。此时的网球运动以游戏的形式流行于教堂之中，从僧侣到传教士，网球被用来调剂单调的生活或打发时光，加上网球运动具有较强的趣味性，因而很快在教堂流行开来。

二、宫廷网球发展阶段（14—19世纪）

14世纪中叶，网球运动传入法国宫廷之中，渐渐地成为王室贵族们一种日常游戏，自此，网球运动便被贴上了"贵族"的标签。此后，法国王储将这种游戏的球送给英王亨利五世，网球运动开始传入英国，英国国王爱德华三世对此特别感兴趣，并下令兴建一处室内网球场。16世纪初，网球装备与场地设施在法国得到进一步改进，网球拍得到显著改善。17世纪球网由"绳帘"样式改为"小方格"设计，球拍中间也发展为能穿线且具有弹性的结构。16—17世纪，网球运动进入了黄金时期，它不再是一种单纯的游戏，而是形成了一种比赛。然而，18世纪网球比赛却慢慢演变成了赌博活动，国王曾一度下令禁止网球运动，以遏制这一不良趋势。

网球运动开始是用手击球，慢慢地手套演变成木板球拍，后来球拍中间出现拍弦，拍弦的出现对网球打法产生了深远的影响，拍弦的弹性增强了击球的力量，因拍弦的摩擦力较大，造成击球后产生不同的旋转。由此说，网球拍的不断改进有力地提升了网球运动水平。与此同时，网球也发生了演变，用皮革、麻、棉缠绕在一起并缝合起来的球更为结实。1845年，橡胶被运用到网球的制作工艺中，使得网球运动又经历了一次重大的技术突破。这一阶段，尽管网球及网球拍经历了这些显著的技术改进，但网球运动主要还是在宫廷内部流传，尚未在社会层面普及。

三、完善发展阶段（19世纪下半叶）

1873年，英国人沃尔特·克洛普顿·温菲尔德少校将早期的网球打法加以改进，并整理了题为"草地网球"的小册子，这有助于网球运动的宣传和推广。1875年，随着网球在英国的风靡，英国板球俱乐部制定网球比赛规则，为现代网球比赛奠定了基础。1877年，全英草地网球和槌球俱乐部（后文简称为"全英俱乐部"）成立，并举办全英草地网球男子单打锦标赛。同年，美国人玛丽·奥特布里奇将网球规则、球拍、网球网等引入纽约，网球运动开始在美国东部、中部、西部地区逐渐传播开来。随着网球场地设施及规则的不断修整与完善，参与网球运动的人越来越多，网球比赛的规模也随之发展壮大。

古时网球运动不仅是一种游戏，更带有贵族文化的色彩。从网球运动的形成与发展看，它在社会中上层阶级中作为娱乐和休闲的生活方式。古时网球运动的发展可以概括为起源于法国，诞生于英国，发展壮大在美国。网球运动从最初的娱乐活动发展到有组织的"游戏"再到正式的"竞赛"，符合体育项目形成与发展规律。在这个过程中，网球规则的不断完善对网球运动的发展起到了至关重要作用。

第二节　四大网球公开赛百年变迁历程、特征及发展趋势

温布尔登网球锦标赛创办于1877年，迄今147年的历史；美国网球公开赛创办于1881年，迄今143年的历史；法国网球公开赛创办于1891年，迄今133年的历史；即便是最"年轻"的澳大利亚网球公开赛（创建于1905年），迄今也有119年的历史。四大网球公开赛经历了孕育创建、完善发展、转型发展、快速发展以及创新发展等五个阶段。这里采用回

溯性和前瞻性研究相结合，解析四大网球公开赛的发展历程特征和趋势，以期为中网的未来发展提供现实和逻辑依据。

一、四大网球公开赛百年变迁历程

根据历史变迁的关键节点分析框架，以赛事演进中发生的关键事件或关键时间为节点，四大网球公开赛经历了孕育创建、完善发展、转型发展、快速发展以及创新发展等五个阶段，见表2-2。

表2-2　四大网球公开赛发展阶段及其划分标志

时间	阶段	标志
1877—1912年	孕育创建	全英网球俱乐部举办首届网球锦标赛
1913—1967年	完善发展	国际网球组织相继成立
1968—1988年	转型发展	允许职业球员参加四大满贯
1989—2008年	快速发展	大满贯委员会成立
2009年至今	创新发展	ATP、WTA巡回赛的重组

（一）孕育创建阶段（1877—1912年）

1877年，温布尔登举办网球锦标赛标志现代网球赛事的诞生。四大满贯起始就具有鲜明的商业化特征，比如收取报名费、设置奖金和实现购票入场等。首届温网有22人参赛，参赛报名费为1基尼（英国旧式金币，相当于现在的1.05英镑），冠军将获得12基尼奖金和价值25基尼的挑战者杯，亚军获得7基尼奖金，季军获得3基尼奖金，决赛现场200余名观众，门票为1先令（1先令等于0.05英镑）。1881年，首届美网在纽波特的娱乐场举办，以俱乐部为单位进行参赛，共有50个俱乐部参与，每个参赛俱乐部需支付报名费5美元，整个赛事的总收入为250美元，其中，利润为4.32美元。创建之初，四大满贯赛事的规模并不大，赛事组织也不尽完善，但在各国网球协会和俱乐部共同努力下稳步开展工作。此阶段，四大满贯赛事对参赛资格有着严格限制，比如，仅允许本土球员和俱乐部注册球员参加，这使得赛事处于一种相对封闭状态。诚然，本土球员的优异表现为网球运动推广和发展发挥至关重要的作用，同时也为四大满贯赛事赢得国际声誉和地位。

（二）完善发展阶段（1913—1967年）

20世纪初，美国、法国、英国以及澳大利亚等多国相继成立网球协会，迫切需要一个国际网球组织来协调开展工作。1913年，国际网球草地联合会（International Lawn Tennis Association，简称ILTA）应运而生。其实，西方国家网球协会就是网球运营和管理机构，澳大利亚网球协会（Tennis Australia，简称TA）是一个由9人组成的董事会、14人组成的管理团队、145名全职人员以及几千名临时员工组成的运营团队。在ILTA的运作之下，四大满贯全球化发展不可阻挡，最明显的特征就是参赛球员国际化，1919年，温网所有项目冠军均是国外选手。1920年，温网在男子单打参赛人数上作了一些调整，由原先的150人减少到128人。1922年，澳网允许女子参赛，至此，四大满贯都有女性参与。1923年，ILTA在巴黎召开股东大会，四大满贯赛事的地位被正式确定下来。参赛项目也做了相应调整，比如，增加女子双打和混合双打等。美网女子单打、女子双打以及混双的比赛地点分散且不确定，直到公开赛前，赛事才集中在森林山举办。澳网举办时间经历了7次更变，分别在新西兰、悉尼、墨尔本等7座城市循环举办。

受业余网球的影响，男子选手常常戴礼帽、衣着领带和穿长衫长裤打网球，而女子选手常被要求穿长裙。显然，这些着装不利于网球技术的发挥。1927年，比莉·泰普斯科特成为温网上第一个穿着短袜和光腿打球的女性，而不是穿着白色的传统长裤。1933年，巴尼·奥斯汀成为第一个在中央球场穿短裤打球的男选手，1934年，伊莱恩·费恩利·惠廷斯托尔成为第一个在中央球场穿短裤打球的女选手，女性穿着更加非正式化。苏珊·朗格伦改变了20世纪20年代的网球时尚，她以透明及膝的雪纺短袖长裙、彩色开襟羊毛衫的着装为网球服装带来了大胆的创新。这些衣着大胆的改革显然不被英国保守派接受，但对网球运动发展尤其是提升赛事水平产生深远影响。此阶段，成立网球组织、减少参赛人数、增加比赛项目、允许职业球员参赛等措施为四大满贯的发展创造了有利条件。

（三）转型发展阶段（1968—1988年）

1968年是网球运动具有里程碑意义的一年。法网是首个网球公开赛，紧接着是温网和美网，到了1969年，澳网的加入标志着四大满贯全面开放，至此，它们合称为"四大网球公开赛"。毫无疑问，四大满贯是所有职业球员逐梦的舞台，大满贯赛事冠军更是他们至高无上的荣誉。此前，一些职业球员经常被最具标志性的一些赛事拒之门外，比如四大满贯、戴维斯杯以及联合会杯等。在全英俱乐部主席赫尔曼·大卫的竭力推动下，四大满贯赛事开始允许业余球员、注册球员以及职业球员参赛，这导致了职业球员与业余球员同场竞技的场面。无疑，职业球员的参与显著提升了赛事水准，进而扩大了四大满贯在全球范围内的影响力。进入公开赛时代后，四大网球公开赛展现出巨大商业价值，首届法网吸引了约10万球迷，温网购票申请数量是平时的4倍，美网球迷热情更是高涨，现场球迷达到了97000人，门票收入高达40万美元。1988年，网球被正式列入汉城（现首尔）奥运会比赛项目，尽管奥运会上的网球竞技水平不及四大满贯，奖金也没有四大满贯丰厚，但是奥运会的影响力与关注度是无与伦比的，网球重回奥运会，对于双方都是互利共赢的：奥运会因网球的加入而更加完整，而网球运动借助奥运会影响力而得到进一步的宣传。

（四）快速发展阶段（1989—2008年）

1989年，大满贯委员会成立，意味着四大满贯开始有了一个信息互通、资源共享、高效统一的管理机构。1989—2008年是世界经济快速发展的阶段。影视产业、科技成果等的广泛运用，以及赞助商的高度关注，加上媒体的广泛传播，使得四大满贯的影响力延伸至世界各地。于是，赞助商纷纷加盟，媒体争相购买转播权。此后，四大满贯形成了良性循环运行模式：赞助商初步赞助比赛、奖金提高吸引参赛选手竞相角逐、整体赛事水平提高、媒体传播吸引更多人关注、赞助商的付出得到回报从而吸引更多赞助商的加入。美网在四大满贯商业化发展过程中始终扮演了重要角色，它推出了很多创新举措，比如，电视直播、增加夜场比赛等。与此同时，新兴的媒体缩短球迷与四大满贯现场赛事的时空距离，推动了四大满贯商业化与全球化发展。

（五）创新发展阶段（2009年至今）

进入21世纪，以ATP和WTA巡回赛合并重组为标志，职业网球赛事"商业化优先"发展的战略表现得淋漓尽致。然而，四大满贯娱乐化、功利化倾向日益显现。当体育赛事适当融入娱乐元素时，其魅力和影响力有望实现显著的提升。音乐与职业体育的巧妙结合，无疑能够为体育赛事增添更多迷人的色彩。从四大网球公开赛的成功经验来看，除了为观众呈现激动人心的比赛之外，营造一场娱乐盛宴也同样重要。因为，娱乐化可以很好地吸引观众进而拉动消费需求。

二、四大网球公开赛百年变迁特征

四大网球公开赛百年变迁特征主要体现为从封闭到开放、从歧视到公平、从业余到职业的三大转变。

（一）从封闭到开放

1925年之前，法网规定只有俱乐部会员才能参赛，不允许国外选手参加。同样，美网参赛选手必须是美国草地网球协会俱乐部的会员。由此可见，无论法网还是美网，参赛资格都有严格限制，即不对外开放。正因如此，直到20世纪60年代末，鲜有选手愿意长途跋涉出国比赛，四大满贯赛事的冠军几乎被澳大利亚、美国、英国和法国选手垄断，在541个单打冠军中，他们赢得其中的499个。随着飞行客机的出现，外国选手赢得四大满贯冠军的人数开始上升。世界一体化发展步伐加快、先进交通工具以及通信网络等出现，缩短了球员、球迷与四大满贯之间的时间与空间的距离，四大满贯的国际化发展已成为一种不可逆转的趋势。四大满贯全面对外开放，既符合世界一体化发展趋势，也与四大满贯自身利益发展相契合。

（二）从歧视到公平

四大满贯创办之初，仅有男子比赛，渐渐地才允许女子参赛，具体来说，温网是在1884年、法网是在1897年、美网是在1887年、澳网是在1922年引入女子比赛。尽管四大满贯设有女子比赛，但她们却遭受不公正待遇。为消除性别歧视，争取与男性球员平等的权利，以比利·简·金为代表的女性球员不懈斗争，于是，美国举办了一场具有里程碑意义的网球性别大战——比利·简·金与鲍比·里格斯的对决。显然，这场比赛的意义远不止比利·简·金获胜，而是改变了人们对女子网球的陈旧看法，提升了女子网球的国际地位。正是因为一代代女子球员不懈努力和优异表现，四大满贯中的性别歧视现象逐步得到改善。四大满贯中性别歧视主要表现是"同工不同酬"，直到2007年温网宣布男女选手在奖金上一致。这一目标从提出到实现，比利·简·金和WTA一共用了34年的时间。

（三）从业余到职业

公开赛之前，职业选手参加四大满贯被认为是将网球当谋生手段，违背网球道德。事实上，大满贯委员会也是同意职业选手参赛的，每年的四大满贯赛事总会有或多或少职业选手参加。随着网球运动发展壮大，越来越多人开始意识到职业化才是网球运动发展的真正出路。1967年，英国人大胆地作出了尝试，即允许职业选手参加包括戴维斯杯等高级别的赛事，事实证明，这项改革取得显著成功，现场球迷人数也随之增加。于是，国际网球联合会作出了妥协，同意包括四大满贯在内的十几项网球赛事允许职业选手参加。1968年，12个受限制的网球锦标赛（包含四大满贯赛事）对三类选手开放，即职业选手、业余选手以及注册选手，他们可以赢得奖金，同时，也可以代表国家参加戴维斯杯比赛，四大满贯赛事仅限于业余选手参赛的历史已不复存在。起初，业余选手在四大满贯赛事中占有一席之地，最典型的例子就是阿瑟·阿什获得首个美网公开赛冠军。随着职业选手训练科学化、系统化、专业化，业余选手在四大满贯赛事中逐渐淡出，职业选手大放异彩亦是情理之中。职业网球赛事的发展是在职业运动员与业余运动员之间的不断冲突和对抗中逐渐壮大起来的，这一过程的内在推动因素主要是社会价值的不断变化和提升。职业选手参赛使得四大满贯赛事更加精彩、更具商业价值，于是赞助商纷至沓来，电视媒体争相购买转播权，球迷也愿意花高价购票入场，一时间，大满贯收入呈爆发式增长。随着不断攀升的奖金，运动员在比赛中的表现也更加卖力，逐步形成了一个良性的商业化循环。显然，商业化是四大网球公开赛发展为世界知名品牌赛事的重要助推力。

三、四大网球公开赛发展趋势

（一）不断向海外扩张的市场

1.澳网施行"亚太大满贯"战略

澳网影响力不及其他三个大满贯赛事。为了提升其地位，澳网必须克服国内人口基数少、与欧美的时差等不利因素对赞助商、电视转播等商业价值产生的影响。澳大利亚是与亚洲为邻的大洋洲国家，特殊的地理位置影响其与亚太地区的经贸关系。20世纪70年代澳大利亚宣布放弃"白澳中心主义"政策，采取多元文化主义，并不断加强与东亚地区国家的经济合作。2003年，为找寻新的发展空间，澳网作出由"本土"向"亚太地区"拓展的战略调整，巧妙地提出"亚太大满贯"口号，这一战略获得了成功。

（1）赞助商

赛事赞助既是经营体育比赛的市场支柱，也是决定体育赛事成败的重要因素之一。澳网赞助商的等级分为主赞助商、副赞助商和合作伙伴，其中，主赞助商1名、副赞助商3名，合作伙伴若干。2018年，百岁山矿泉水已成为澳网赞助商，签约期为5年，这也是中国食品饮料首次与澳网合作。少数澳大利亚人对百岁山矿泉水提出了无理指责，这种将体育赛事赞助与"爱国"情绪联系起来，不仅违背了体育精神，更不利于澳网发展。2019年,澳网赞助商中有8个赞助商来自亚洲,其中,韩国起亚汽车连续17年成为澳网主赞助商。2019年,为加快品牌国际化发展,泸州老窖成为澳网三个副赞助商之一。同年,中国慕思作为合作伙伴开始赞助澳网。除此之外,2008年,青岛海信电器股份有限公司开始赞助澳网,用"海信"品牌来取代"沃达丰"球场的冠名权。2014年,海信更是作为赞助商和主场馆双重身份支持澳网。由此说,正是这些源源不断来自中、日、韩等亚洲赞助商的慷慨支持,为澳网迅猛发展提供有力支撑。

(2)现场球迷

现场球迷影响门票、赛事衍生品等的消费,更为赞助商所关注。很多狂热的球迷不惜千里迢迢,就是为一睹偶像风采。四大满贯明文规定,除非受伤等特殊情况,顶级球星都会被要求强制参赛。除此之外,球迷们希望能现场看到本土球员的表现。近年来,亚洲选手在澳网表现可圈可点,此外,亚洲球员在澳网赛场亮相的人数也逐年递增,2018年,澳网500名参赛选手中有111名来自亚太地区,而五年前的数据只有现在的一半。为方便中国及亚洲球迷赴澳观赛,澳网组委会作出了许多创新举措,比如,与中国在线旅行服务公司携程合作,球迷可以通过携程购买澳网的门票。澳网期间,澳网组委会想方设法地吸引游客来澳网现场观赛,墨尔本无论是大街小巷还是新闻媒体,都充满了澳网的氛围,让游客沉浸在一个充满乐趣的网球嘉年华之中,而一些原本并没有计划看澳网的游客也忍不住购买门票走进了赛场,赛后还购买了赛事衍生品。赛事与旅游的深度融合,为澳大利亚经济带来新的增长点。这些远道而来的亚洲球迷,不仅去赛场和周边地区,也会顺道参观悉尼大剧院、艾尔斯岩、大堡礁等著名景点,这无疑会助推澳大利亚旅游业发展。从中国文化和旅游部发布的数据看,2017年,有近130万中国游客赴澳旅游,预计到2027年,这一数字将增至400万。此外,澳网组委会对亚洲选手也"别有用心",比如,安排中国选手在以中国品牌命名的"海信球场""1573球场"比赛,给球员以主场作战的感觉,当然,球迷看到中国元素也格外亲切。

（3）收视率

时差缘故,欧美地区的观众收看澳网相对困难,而对亚洲地区的观众来说澳网占据了"天时""地利"的优势。澳网举办期间适逢中国传统春节,中国与澳大利亚时差在2小时左右,中国球迷不用凌晨看球而影响休息和工作,这是其他大满贯赛事所不享有的条件。如今,越来越多亚洲国家民众关注澳网,尤其是中国和日本球迷,有数据显示,中国已超过日本成为亚洲关注澳网人数最多的国家。四大满贯不同于其他体育赛事,它们都有自己的转播公司,这也是四大满贯转播收入占比最大份额的原因。澳网成立自己的转播公司,对26个球场内所有比赛全部直播覆盖,这样就能满足全世界每一个国家和地区的观众的不同需求。2015年,澳网为拓展亚洲转播市场,在中国香港成立办事处,设立媒体组专门负责亚太地区的转播。随着新媒体、数字平台等出现,澳网转播注重人性化设计,通过"量身定做"的转播方式满足球迷需求。为消除语言障碍,澳网官方网站提供了英语、汉语、日语和韩语等多种语言服务。2013年,李娜对阵维多利亚·阿扎伦卡的澳网决赛,收视率创2011年以来网球赛事转播新高,央视转播收视份额占7.57%。2019年,大坂直美对阵佩特拉·科维托娃的澳网决赛,日本NHK电视台创造了收视率峰值。由此可见,澳网在亚洲的收视率之高。

2.法网成立法语国家网球协会

法网市场拓展策略主要针对欧洲、非洲等法国移民国家或讲法语国家。2019年法网期间,来自30多个法语国家成立了法语国家网球协会,旨在促进法语国家网球发展的共同愿景。具体举措包括为法语国家的俱乐部提供资助,为法语国家的管理人员和教练员提供培训方案,为球员提供便捷并在法语国家举办锦标赛，等等。2021年，法网计划在塞内加尔、贝宁等地建立国际网球学院，帮助这些法语国家进行网球人才培养。归根结底，法网这一做法，一方面能够在海外国家普及与发展网球运动；另一方面也是法网的海外发展战略的重要组成部分。法语国家网球协会这一组织的运行，给法网带来连锁效应，比如，获得更高收视率、更多赞助商加盟等。法网在对外推广方面也做得相当到位，法网品牌的重点推广区域包括南美、亚洲、中欧和非洲，尤其是在其他大满贯都不太重视拥有众多法语国家的非洲大陆。法裔居民众多的加拿大也是法网的重点关注地区，2017年，法网就将一张女单资格赛外卡给了伤愈复出的卡洛琳·沃兹尼亚奇。

（二）传承与创新交融

变是创新，不变是传承。以澳网、美网为代表的"创新派"，注重变化，尤以美网最为典型，比如，从"抢七"的引入，到男女同工同酬、超级星期六，再到直播和鹰眼的投入使用；2015年美网首次出现女裁判执法男单决赛的场面、记者可以在盘间休息进场对球员进行采访；等等。正是这些"变"使得大满贯赛事更具吸引力、生命力。以温网、法网为代表的"保守派"坚持不变，比如，温网比赛球员须穿白色球衣；法网则保留着没有夜间灯光比赛和不使用鹰眼技术，其目的就是保留其一贯特色，使得大满贯赛事"原汁原味"。当然，温网、法网在经营与管理方面也与时俱进。在商业化竞争日益激烈的情况下，体育赛事也不例外。无疑，大满贯赛事如何在竞技性与娱乐性之间找到平衡点至关重要，而作为一种娱乐产品的网球赛事，在最大限度开发市场的同时，也保留网球赛事的本质特征，这也是大满贯赛事必须思考的。时下，随着网球运动的商业化、职业化、全球化的加剧，网球运动面临着艰难选择。是顺应时代发展潮流，还是固守网球传统，如何处理好这两者的关系是四大满贯赛事所面临的艰难挑战。

（三）压缩比赛时间势在必行

公开赛以来，四大满贯比赛时间屡创纪录。2010年，温网网球史上最长的比赛发生在约翰·伊斯内尔击败尼古拉斯·马胡时，持续了11小时5分钟。毫无疑问，漫长的比赛时间对球员、球迷都是一种折磨，更不是转播商想要的结果。2017年，大满贯委员会成员聚集在一起对如何缩短比赛时间进行了大胆改革：第一，放弃网球比赛规则中分与分间隔20秒的规定，改为严格执行25秒间隔的新要求，将在球场边设置"发球和击球计时器"（在2017年美网期间进行试运行）。这也就意味着，球员必须在25秒内完成发球。限制发球时间，对于一些动作慢的选手来说未必是件好事，可能会影响他们发球节奏，当然，这也提高了对球童的要求，球童必须及时将球递到球员的手里。第二，赛前热身时间将被严格限制，执行"151"规定。即球员进场后1分钟必须来到球网前挑边，然后将有5分钟的热身时间，热身结束后1分钟之内必须开始比赛。如果违反这一条例，最高罚款可达20000美元。通过四大满贯规则的修改可以发现，从"抢七"到"无占先"，再到"25秒发球"等，这些都体现了大满贯组委会压缩比赛时间的改革思路。从利益相关者的视角来看，压缩比赛时间符合广大球迷、球员、转播商、组织方等的共同利益。未来，或许有一种新赛制将取代现有的决胜盘长盘制，如采用四局决胜制。

（四）内部矛盾与外在风险加大

利益最大化是职业体育赛事一直以来的追求，四大满贯的总奖金逐年攀升，职业球员与大满贯组委会就赛事奖金的分配上意见始终没能达成一致。对于绝大多数球员来说，奖金是其经济收入的主要来源。球员抱怨奖金相对于四大满贯赛事的总收入比重过低，2019年，美网总收入4亿美元，而运动员总奖金为5723万美元，约占比14.3%。球迷数量是一项赛事成熟的重要标志，有数据显示，全世界网球迷呈现老龄化趋势，青少年从事或关注网球的人数正在减少。2016年，ITF在克罗地亚召开的年度会议和股东大会上，制定了"ITF 2024"长期可持续增长计划，其目的就是解决这一问题。

第三节　我国竞技网球发展历程

1885年前后，网球伴随着西方传教士和商人而进入中国，自此，网球作为舶来品在我国开始生根发芽。新中国成立以来，我国竞技网球取得了不俗成绩，还曾多次派网球选手参加四大满贯赛事。梳理发现，改革开放以来，我国在竞技网球领域、职业网球赛事以及网球普及等方面都取得重大突破，逐步走出了一条具有中国特色的网球发展道路。

一、发展历程

（一）孕育创建阶段（1885—1952年）：伴随着传教士和商人进入中国

19世纪中叶，我国在鸦片战争后陆续开放了一些沿海通商口岸，网球运动正是此时被带入中国，上海就是最早兴起网球运动的地域之一。1860年，天津紫竹林练兵场修建了我国最早有记载的网球场。1906年，国内一些学校开始举办校际网球赛，这些比赛在一定程度上促进了网球运动在中国的传播。到了20世纪30年代，网球运动在天津进入发展高潮。1936年11月，上海大胆地引入职业网球表演赛，这为我国举办职业网球赛事开创了先例。

（二）缓慢发展阶段（1953—1977年）：中国网球协会正式成立

1953年，中国网球协会在北京成立，意味着中国网球有了官方组织。1953年初，上海市成立了新中国第一支网球队。同年5月，在天津举办了全国四项球类比赛大会，网球便是其中之一。1955年，新中国成立第一支国家网球队，共有8名队员（4男4女），均来自上海，并于1957年首次出国赴斯里兰卡参赛。1958年，中国球员梅福基、朱振华、吴生康和宋连根第一次参加温网比赛，梅福基表现不俗，打进温网比赛第二轮。1974年，在伊朗德黑兰举行的第七届亚运会上，中国男、女网球队均获得团体亚军。新中国成立后，网球运动得到了党中央领导的高度重视。尽管新中国竞技网球发展时间不长，但还是取得了显著的进步，成为亚洲一支重要力量。

（三）巩固提高阶段（1978—2003年）：中国被国际网球联合会接纳为正式会员

1978年，吕正义作为领队和教练，带领4名球员赴美国ATP总部，学习ATP网球巡回赛的经验和世界先进的网球技战术。1980年，中国网球协会被国际网球联合会接纳为正式会员，中国网球正式参与到国际网球大家庭中来。自此之后，中国网球与国际交流的次数大大增多。1981年，由余丽桥、王萍、胡娜和李心意组成的中国网球队第一次参加了在日本东京举办的联合会杯比赛。1985年，中国男子网球队在马来西亚吉隆坡夺得亚洲锦标赛冠军。随着改革开放的不断深入，通过走出去和引进来，我国竞技网球水平在亚洲处于领先地位。客观而言，当时国内群众网球基础还很薄弱，网球场地、网球人口等方面落后于邻国日本。

（四）快速发展阶段（2004年至今）：孙甜甜、李婷获得奥运网球双打冠军

2004年，李婷和孙甜甜获得雅典奥运会网球双打冠军，这对于中国竞技网球来说具有划时代的意义。此后，中国网球捷报频传，2006年郑洁和晏紫在澳网和温网上夺冠，2011年李娜获得法网冠军，等等。对于中国职业网球来说，2009年也是具有里程碑意义的一年，这一年里，中国网球协会实施了允许国家队球员"单飞"的重大变革、WTA将"皇冠级"赛事安排在北京、ATP将"大师赛"安排在上海等。在几代人不懈努力下，中国网球率先进行了一系列改革，并取得了不俗成绩，也使得我国竞技网球发展为世界网坛一支不可忽视的力量，世界网坛也意识到网球运动发展需要中国的参与，因为，中国不仅仅有14亿人口，更关键的是拥有巨大的市场潜力。中国竞技网球取得系列好成绩，一时间，中国开始有更多的人关注网球。

二、新中国成立以来我国竞技网球取得重大成就与事件

（一）重大成就

新中国成立以来中国竞技网球经历了三个发展阶段，即创建阶段、发展阶段、突破阶段。新中国成立后，我国竞技网球取得了一些成绩，比如，1958年，中国球员梅福基、朱振华、吴生康和宋连根第一次参加温网比赛，梅福基一举打进第二轮；1974年在伊朗德黑兰举行的第七届亚运会上，中国男女网球队均获得团体亚军。改革开放以来，我国竞技网球取得长足发展（见表2-3），比如，孙甜甜和李婷夺得雅典奥运会网

球双打冠军；李娜两度夺得大满贯单打冠军，并一度成为亚洲领军人物；郑洁和晏紫获得了澳网和温网的双打冠军；等等。2004—2014年，这10年是中国女子竞技网球的巅峰期。近几年，我国男子竞技网球的发展也取得了显著的进步，并且有多位选手进入了世界排名前100。2024年，郑钦文获得巴黎奥运会网球女单冠军，郑钦文的夺冠，无疑是中国网球发展历程中的一个重要里程碑。

表2-3　我国网球选手在奥运会、四大满贯上部分成绩一览表

年份	赛事名称	姓名	主办组织	赛事成绩
2004年	雅典奥运会网球赛	孙甜甜、李婷	ITF	女双冠军
2006年	澳大利亚网球公开赛	郑洁、晏紫	大满贯委员会	女双冠军
2006年	温布尔登网球锦标赛	郑洁、晏紫	大满贯委员会	女双冠军
2011年	澳大利亚网球公开赛	李娜	大满贯委员会	单打亚军
2011年	法国网球公开赛	李娜	大满贯委员会	单打冠军
2014年	澳大利亚网球公开赛	李娜	大满贯委员会	女单冠军
2016年	澳大利亚网球公开赛	张帅	大满贯委员会	女单八强
2019年	温布尔登网球锦标赛	张帅	大满贯委员会	女单八强
2019年	美国网球公开赛	王蔷	大满贯委员会	女单四强
2020年	法国网球公开赛	张帅	大满贯委员会	女单十六强
2024年	巴黎奥运会网球赛	郑钦文	ITF	女单冠军

由此可见，中国女子竞技网球取得了骄人成绩，更是把中国职业网球推向新高度，带动了网球在全国范围内的普及与发展，近年来，多项顶级职业网球赛事在中国落地生根，这与中国竞技网球所取得的成绩息息相关。不可否认，中国竞技网球的突破与举国体制是分不开的，特别是近20年来，我国竞技网球不断探索举国体制下的职业网球发展新模式，努力找寻职业网球发展规律，主动融合和全面接轨国际职业网球，实施

了一系列走出去和引进来的开放政策，改革职业网球的运行机制，积极探索了社会多元化的网球人才培养模式，充分发挥了举国体制在职业网球发展中的作用，努力开创具有中国特色的职业网球发展道路。

（二）重大事件解析

改革开放以来，我国由计划经济向中国特色社会主义市场经济过渡，职业体育获取了生存与发展的土壤。1994年，以中国足球协会超级联赛为标志，职业体育开始进入了大众的视野。其间，网球项目也在摸索前行中，经过近30年的曲折发展，以李婷、孙甜甜获得2004年雅典奥运网球双打冠军为突破口，我国竞技网球取得一系列好成绩，逐步形成一条具有特色的竞技网球发展之路。其中，具有重大突破意义或改革的三件事，即李婷和孙甜甜勇夺雅典奥运会网球女双冠军、"单飞"模式以及李娜两夺大满贯女单冠军。从2004年雅典奥运会双打冠军，到2006年"单飞"模式，到李娜两夺大满贯女单冠军，这些成绩的取得与突破有其内在逻辑。2004年，雅典奥运会网球女双夺冠，引起了国人对网球运动的关注与热情；2006年，"单飞"模式是我国网球培养体制创新举措，也是李娜两夺大满贯的重要推动力；李娜两夺大满贯女单冠军更是把网球运动在我国推向前所未有的高度。

1.奥运网球金牌零突破：李婷、孙甜甜夺得雅典奥运会女双冠军

奥运会是世界上规模最大、项目最多、影响最广的体育赛事，备受世界民众的关注。2004年雅典奥运会上，李婷和孙甜甜夺得奥运网球女双冠军，开启网球运动在我国迅猛发展的新篇章。乒乓球、羽毛球深受国人喜爱，在国际上拥有绝对优势，而同属于小球类运动项目的网球在我国却属于小众项目。雅典奥运会之前，我国竞技网球发展实施"女子为主，以双打项目为突破口"的战略，事实证明，这种战略安排是成功

的。经过几代人努力，终于取得了一枚奥运会网球双打金牌。这枚奥运金牌不仅实现了我国网球项目金牌零的突破，更是坚定了国人对网球发展的信心，为网球在我国普及与发展注入"强心剂"。一夜间，网球便成了家喻户晓的运动。2010年，据中国市场调研数据表明，2004年中国大陆网球人口（指打过一次网球）约197万人，到了2007年约400万人，而到了2010年初我国网球人口达到1200万人。

时至今日，我国女子网球的双打成绩斐然。郑洁和晏紫搭档分别获得2006年澳网和温网女双冠军，孙甜甜与泽蒙季奇获得澳网混双冠军，张帅和斯托瑟获得2019年澳网女双冠军，郑钦文获得2024年巴黎奥运会女单冠军，等等。然而，作为"独自上场"的网球项目，单打在球迷的心目中更有分量，因此，尽管郑洁、晏紫也两次获得大满贯双打冠军，却很少被球迷提起，相反，获得法网、澳网两个大满贯单打冠军的李娜，她的名字被众多球迷所熟记。

2.培养体制创新："单飞"模式

2006年，国家网球运动管理中心与李娜、郑洁、晏紫四位选手签订协议，协议规定：教练自主、奖金自主、参赛自主，收入归运动员及其团队所有，须将商业开发收益的8%和比赛奖金的12%上交国家，并无条件参加国家队赛事和为所属省区市参加全运会等比赛任务。"单飞"模式实质上是我国竞技网球培养模式的大胆创新，类似于职业体育又不完全等同。"单飞"的好处是运动员训练更具针对性，能够最大限度地挖掘运动员潜力。

三、后备人才培养的域外经验与审思

事实证明，本土球星既是体育强国的重要标签，也是职业网球赛事发展的内在需要。为此，如何培养更多的优秀网球后备人才既是摆在我

国竞技网球发展道路上必须解决的课题，也关系到中网的发展。

（一）国际经验与启示

近些年来，捷克、加拿大和日本等国家发展为国际网坛三支重要力量，形成了独特的后备人才培养模式，因此，选择这些国家为代表研究颇具现实意义。

1.捷克

捷克是国际公认的体育强国，在冰球、足球、网球等方面都有出色的表现。以佩特拉·科维托娃、卡洛琳娜·普利斯科娃为代表的捷克女子网球选手异军突起，这些成绩的取得与捷克的一些成功人才培养模式密不可分。

（1）独特的训练理念

思想理念是行动的先导，独特的训练理念是捷克网球取得成功的一大法宝。其一，享受网球。无论是孩子还是职业球员，教练都会灌输的思想是享受这项运动所带来的乐趣，而不是强制性训练。其二，有明确的训练目标。捷克选手的网球训练目标从一开始就非常明确，然后教练员会根据每个个体的目标来设计个性化的训练计划，逐步帮助他们实现自己的目标。

（2）良好的网球基础

1906年，捷克网球协会成立，在网球协会的全力推动下，截至2018年12月，捷克网球协会已经拥有22.5万会员，2.5万注册球员，以及969个注册俱乐部，对于人口仅约1053万的捷克来说，网球的普及和受欢迎程度可见一斑。这样庞大的网球群众基础和合理的人才队伍，为捷克的职业网球发展提供了源源不断的可持续后备力量。

2.加拿大

2019年3月，印第安维尔斯和迈阿密两站比赛中，加拿大年轻选手表现可谓可圈可点。比安卡·安德莱斯库在印第安维尔斯赛事中赢得女单冠军，丹尼斯·沙波瓦洛夫与阿利亚西姆在迈阿密赛事中男单四强中占据了两个席位，更为可贵的是三人中最年长的沙波瓦洛夫当时年仅19岁，网球运动目前正承载着这个以冰球和滑雪运动著称的传统强国中新的体育热情，也逐渐发展为加拿大主流体育运动项目。

（1）多元化培养机制

2007年，加拿大网球协会在蒙特利尔建成了国家训练中心，并在全国多个城市设立训练基地，形成了一个网状训练体系，让有潜力的青少年选手参与其中。从拉奥尼奇、布沙尔到安德莱斯库、阿利亚西姆，这些选手都曾在或仍在国家训练中心受训。也就是说，安德莱斯库是在举国体制下培养出来的。沙波瓦洛夫的成长发展则属于家庭模式，他母亲拥有一家网球俱乐部，5岁就被身为网球教练的母亲带上球场开始学习网球，加拿大网球协会首席执行官兼主席迈克尔·唐尼表示，很多球员以及他们的父母和教练共同促进了加拿大网球的成功，加拿大网球协会只是背后的协助力量。加拿大这套体制的精妙之处在于，如果球员选择了在国家训练中心受训，他们将得到很好的资源。而即便他们选择独立发展，只要他们的成绩能够达到一定标准，他们仍将得到加拿大网球协会的部分资助。从这个意义上说，无论是体制内还是体制外的球员都不会受到区别对待，只要能为加拿大网球发展增光添彩，就会得到协会的支持，这与我国现行的培养体制非常相似。

（2）注重网球普及推广

加拿大网球协会并没有将所有资源倾注在少数高水平球员身上，而是致力于推广网球。只有更多的人拿起球拍，才会有更充足的后备人才储备。在协会多年努力下，网球正成为加拿大一项非常流行的体育项目。

（3）移民政策的惠及

20世纪80年代，为弥补本国人口和人才不足，加拿大开始实行移民政策。受益于移民政策，来自世界各地移民的下一代，已成为加拿大一支不可忽视的后备力量，为加拿大职业网球的可持续发展发挥了重要作用。加拿大汇聚了从欧洲乃至世界各地有网球热情与天赋的青少年，其中，也不乏亚洲面孔。

（4）本土球星的感召力

偶像的力量是强大的。现实中，现役球员从事网球运动之前多是因崇拜偶像而拿起球拍的，加拿大球员尤金妮·布沙尔曾经透露玛利亚·莎拉波娃就是其偶像。本土球星米洛斯·拉奥尼奇在大满贯赛场上均有上佳表现，曾获得温网亚军，加拿大一群不到20岁的孩子中，不少是从小看着他打球长大的。

3.日本

日本在不同年代都涌现出多名高排名男、女选手，女子方面，大坂直美夺得2018年美网女单冠军，成为日本首位大满贯得主，也是继李娜之后的亚洲大满贯选手。2019年，她又夺得澳网冠军，进而刷新了日本网球纪录。有理由相信，1997年出生的大坂直美，在未来一段时间内，将是女子网坛的标杆性人物。男子方面，当下，以锦织圭为代表的日本男子选手表现出了强劲实力，他曾获得美网单打亚军、里约奥运会男子单打铜牌等优异成绩。2019年，温网青少年比赛中，日本选手望月慎太郎获得男单冠军，预示了日本青少年选手已崭露头角，这些成绩的取得在很大程度上与多年来日本国内网球人口的增加、校园网球的普及、网球政策等有着密切联系。

（1）不断壮大的网球人口

1876年，现代网球运动传入日本。日本网球协会发布的年报显示，日本网球人口呈"波浪状"发展，1993年，全国网球人口约423万人，

2013年下降到373万人，2016年日本的网球人口迎来了新的复苏达到439万人，在大坂直美夺得大满贯之后，这个数字持续增至600万，这从侧面反映了本土球星对网球普及与发展的引领作用。当然，日本网球人口呈现"波浪状"发展，这与日本的经济发展息息相关。与世界上其他发达国家一样，日本也面临着出生率降低和人口老龄化问题，日本政府将全国推行国际网联青少年网球培训计划，重新设计全国青少年排名系统。此外，日本因地制宜地将网球运动衍生出"软网"，大大降低了网球运动的门槛，这为网球运动在青少年中普及与推广提供了便捷。21世纪初，日本青少年受到著名动漫《网球王子》影响，掀起一股网球热。很多青少年因为《网球王子》而拿起球拍走向球场。通过使用降低网球运动门槛、拍摄深受儿童青少年欢迎的网球动漫片等"组合拳"，为提升日本网球人口尤其是儿童青少年网球人口起到了重要作用。

（2）"45"计划

20世纪90年代，为激励日本青少年选手超越当时世界排名第46位的名将松冈修造，日本网球协会和索尼等大型企业联手推出了"45"计划，该计划每年选拔12岁左右优秀选手送往美国尼克·波力泰利尼网球学校学习深造。学习期限从一年到多年不等，学习期间学费完全由企业承担，大坂直美和锦织圭便是这一计划的成功范例。大坂直美3岁就在美国生活，2006年，迁至佛罗里达州接受更专业的训练；13岁时，锦织圭前往佛罗里达州的尼克·波力泰利网球学院接受系统训练，至今还在那里生活和学习。受益于"45"计划，川口奈津美、望月慎太郎等选手都取得了显著成绩。2019年，望月慎太郎勇夺温网青少年男单冠军。而日本面临的挑战在于建立一个完善的训练基地，并为有潜力的网球选手提供海外发展的机会。为了适应四大满贯赛场并取得好成绩，日本共投资超过30亿日元建立了国家体育训练中心，按照法网和美网的标准，各修建两片红土场和两片硬地球场，这为本土球员的适应性训练提供了条件。在青少年培养方面，日本网球协会发挥了重要作用，从基层选拔有天赋的孩子送入松岗训练营接受培训，当国内训练条件无法满足球员的需求时，由日本企业资助他们到国外训练。

综上所述，捷克、加拿大以及日本等国家在培养后备人才方面存在共性之处，如采取多种培养模式并存、致力于扩大网球人口、注重汲取国外先进的经验和训练理念等。

（二）后备人才培养策略

1.融入先进理念

后备人才培养对于网球运动项目的可持续发展至关重要。我国球员训练注重以"技术"为中心，球员从小培养更注重底线技术等环节，技术结构和战术体系较为单一，基本功比较好，比赛发挥稳定。但因战术较为单一，场上遇到突发情况缺乏应变能力。相比之下，国外球员更注重围绕"实战"训练，根据每个人的特点发展个性化的技战术风格，相比之下，他们在比赛中更加懂得如何赢得比赛。网球运动员朱琳认为，年龄偏小球员不应将全部的精力放在技术训练上，同时长时间高强度训练会过早地透支小球员的天分和热情，不利于球员的成长。

2.重视运动员文化学习

在职业网球竞争中，网球文化是其中一部分。然而，在我国高水平网球人才培养过程中，运动员接受文化教育不够全面。文化具有潜移默化的影响力，它能影响运动员的观念，引导运动员的思维，驱动运动员的行为。网球职业化不仅仅是市场化、商业化运作，没有文化支撑，职业化网球就很难实现可持续发展。加强网球文化建设，增强职业网球的软实力，就是发展中国职业网球的现实需求，也是中国现阶段职业网球发展的必然要求，更是实现网球强国梦的内在要求。职业网球文化建设有助于网球全面发展，能够帮助运动员强化对项目文化的理解和认同，提升敬业精神和职业素养，丰富精神文化内涵，从而有效解决重技术训练轻文化教育、重眼前成绩轻长远发展的问题，从而有效地增强我国竞技网球核心竞争力。职业网球文化的形成需要通过系统规划、长期培育、反复宣传教育来实现，这包括培养运动员的感恩之心，懂得回馈社会进而报答国家，从而真正形成中国网球文化基因。

3.走举国体制与市场体制相结合道路

我国网球运动员培养模式主要有以下三种，即以李娜、张帅等为代表的举国体制培养模式，国家提供资金和其他保障，而球员只需要专心打球；以王雅繁、王曦雨为代表的俱乐部培养模式；以袁梦、徐诗霖为代表的家庭培养模式。中国网球发展的实践表明，必须坚持走职业化、国际化、社会化的道路，同时，必须结合我国的实际情况，积极探索建立自身发展的体系，坚持多元化的人才培养模式，加强和完善中国网球协会的功能，妥善处理好"放""管""服务"之间的关系。

新中国成立之初，国家经济发展缓慢，在这种艰苦的条件下发展竞技体育，举全国之力有其内在必然性。近20年来，我国职业网球不断探求举国体制条件下职业网球发展的新模式，努力找寻网球项目的特殊规律，主动融合与全面接轨国际职业网球，实施了一系列开放政策，改革职业网球运作机制，积极开辟社会多元化网球人才培养的新途径，打破了以往专业运动队单一的人才培养模式。职业网球在快速发展当中，由于各方利益的诉求不同，导致国家资源被碎片化，缺少战略布局和整体发展规划，有些资源未能得到充分的整合利用，难以形成有效的合力。为了解决这些问题需要建立新型举国体制下的职业网球培养模式，传统的举国体制注重技术力量的培养和国家层面的综合成绩，相对忽视职业网球社会化、市场化、商业化运作；新型举国体制则既要发挥举国体制的主导作用，又要发挥职业网球的主体作用。传统举国体制的目标相对单一，看重国家层面的运动成绩，较少考虑经济效应；新型的举国体制既要关注技术层面的基础效应，又要考虑职业化网球所需要的市场商业手段，同时还兼顾利益分配，实现国家利益目标，考虑投入与产出的效应。尽管国外没有"举国体制"这一概念，但做法相似。如法国网球协会和澳大利亚网球协会为优秀青少年选手支付教练费，球员有选择教练的权利；加拿大网球协会利用承办"罗杰斯杯"比赛赚取资金为本国青少年选手培养保驾护航；等等。

举国体制在后备人才早期培养方面具有独特优势，属于"粗放式"培养模式。对于一些天赋出众而家庭条件较差的运动员，在举国体制的保障下可以获得机会，最终取得成功并为国争光。市场体制优势在于针对少数精英运动员的"因材施教"，对运动员实施个性化培养来突破技术瓶颈，属于"精细化"培养模式。以美国网球协会为例，它也只对有天赋、有潜质的少数选手进行重点关照，比如，提供免费美网训练场地、支付所聘请教练费用等支持。因此，对于网球项目的职业化来说，举国体制与市场机制各有利弊，两者并非互不相容，而是互生互补的关系，正如市场经济也不是资本主义国家所独有的一样。学者鲍明晓提出了中国竞技体育应走举国体制与市场机制相结合新机制，即构建新机制的总原则是政府主导下的市场有效参与，市场机制补充举国体制调动资源能力不强、激励和约束方式单一、资源效率使用不高、推动创新和突破关键技术的能力不强等不足；举国体制可以弥补市场机制的无序性、防止投机或恶性竞争等。举国体制与市场机制对于不同运动项目的作用也不一样，集体项目（如大球）与个人项目（如小球）的差别较大，就网球项目而言，早期培养可以发挥举国体制的优势，当运动员达到一定水准走职业化道路时可以有效发挥市场机制的作用。

第四节　改革开放以来我国职业网球赛事梳理

　　改革开放以来，随着我国经济的快速发展以及社会主义市场经济体制建立，越来越多的职业网球赛事开始在我国落地生根，形成以中国网球公开赛、上海劳力士大师赛等为代表的职业网球赛事体系（见表2-4）。

表2-4　中国部分职业网球赛事一览表

时间	赛事名称	举办地	赛事主办方	场地性质
1980年	万宝路广州网球精英大奖赛	广州	ATP	硬地
1993—1997年	沙龙网球公开赛	北京	ATP	硬地
1994—1996年	诺基亚网球公开赛	北京	WTA	硬地
1996—1997年	上海网球公开赛	上海	ATP	硬地
1998—2001年	上海喜力网球公开赛	上海	ATP	硬地
2002年	上海大师杯	上海	ATP	硬地
2004年至今	中国网球公开赛	北京	WTA、ITF、ATP	硬地
2009年至今	上海劳力士大师赛	上海	ATP	硬地
2014年至今	深圳网球公开赛	深圳	ATP	硬地
2014年至今	武汉网球公开赛	武汉	WTA	硬地
2004年至今	广州国际女子网球赛	广州	WTA	硬地
2014年至今	江西网球公开赛	南昌	WTA	硬地
2014年至今	天津网球公开赛	天津	WTA	硬地
2015年至今	WTA超级精英赛	珠海	WTA	硬地
2016年至今	成都网球公开赛	成都	ATP	硬地
2018年至今	WTA年终总决赛	深圳	WTA	硬地
2019年至今	郑州网球公开赛	郑州	WTA	硬地

一、国内ATP赛事

中国举办的ATP巡回赛中，上海劳力士大师赛为ATP 1000赛事，中国网球公开赛的男子赛事为ATP 500的赛事，成都公开赛和深圳公开赛为ATP 250赛事，具体信息见表2-5。举办的网球挑战赛事中，4站ATP 75K挑战赛、3站ATP 50K挑战赛、2站ATP 125K挑战赛、2站ATP 150K挑战赛。从赛事级别看，除大满贯赛事外，国内ATP赛事的每个级别都有，赛事质量较高；从赛事数量看，国内ATP赛事共计8站，约占ATP巡回赛总数的12%。

表2-5 2018年ATP中国巡回赛一览表

赛事名称	赛事级别	冠军积分	举办地	场地性质
成都公开赛	ATP世界巡回赛250赛	250	成都	硬地
深圳公开赛	ATP世界巡回赛250赛	250	深圳	硬地
中国网球公开赛	ATP世界巡回赛500赛	500	北京	硬地
上海劳力士大师赛	ATP世界巡回赛1000赛	1000	上海	硬地

数据来源：中国网球协会官方网站，https://www.tennis.org.cn/。

二、国内WTA赛事

WTA赛事有顶级巡回赛、国际巡回赛、超级精英赛和年终总决赛等，具体信息见表2-6。其中，每年遍布世界各地的4站WTA顶级巡回赛（强制赛），17站WTA顶级巡回赛，31站国际巡回赛和若干挑战赛。目前，在中国举办的WTA网球赛事中，中国网球公开赛的女子赛事为WTA 4站顶级巡回赛强制赛之一，武汉公开赛和深圳公开赛为WTA的国际巡回赛。2019年，WTA年终总决赛落户深圳，标志着在未来一段时间，中国将会成为WTA赛事的中心地带。

表2-6　2018年WTA中国巡回赛一览表

赛事名称	赛事级别	冠军积分	举办地	场地性质
深圳网球公开赛	国际巡回赛	280	深圳	硬地
中国台北公开赛	国际巡回赛	280	台北	硬地
江西网球公开赛	国际巡回赛	280	南昌	硬地
广州网球公开赛	国际巡回赛	280	广州	硬地
武汉网球公开赛	国际巡回赛	900	武汉	硬地
中国网球公开赛	顶级巡回赛	1000	北京	硬地
香港网球公开赛	国际巡回赛	280	香港	硬地
天津网球公开赛	国际巡回赛	280	天津	硬地
WTA超级精英赛	超级精英赛	700	珠海	硬地
WTA年终总决赛	年终总决赛	—	深圳	硬地

数据来源：中国网球协会官方网站，https://www.tennis.org.cn/。

三、国内ITF赛事

在中国，贯穿全年的ITF男、女网球赛事（见表2-7、表2-8），一方面，为我国乃至亚洲年轻选手提供了宝贵的锻炼机会，这有助于运动员成长与发展。西方国家的成功经验表明，举办一些低级别的网球赛事对本国青少年网球选手的成长无疑是至关重要的。另一方面，通过持续地举办青少年网球赛事能吸引更多人关注，有助于网球在我国的普及与推广，从而营造良好的网球氛围。

表 2-7   2018 年 ITF 中国女子网球赛事一览表

赛事级别	赛事地点	赛事时间
15K	厦门	1 月 26 日—3 月 4 日
	南京	3 月 19 日—4 月 8 日
	安宁	9 月 10 日—9 月 30 日
25K	武汉	5 月 14 日—5 月 20 日
	泸州	5 月 28 日—6 月 3 日
	长沙	6 月 04 日—6 月 10 日
	内蒙古奈曼旗	7 月 02 日—7 月 8 日
	天津	7 月 9 日—7 月 15 日
	贵阳	8 月 13 日—8 月 19 日
60K	珠海	3 月 5 日—3 月 11 日
	深圳坪山	3 月 12 日—3 月 18 日
	泉州	4 月 23 日—4 月 29 日
	六安	5 月 7 日—5 月 13 日
	包头	5 月 21 日—5 月 27 日
	济南	8 月 6 日—8 月 12 日
	南宁	10 月 22 日—10 月 28 日
	柳州	10 月 29 日—11 月 04 日
100K	宿州	10 月 15 日—10 月 21 日
	深圳龙华	11 月 5 日—11 月 11 日

数据来源:中国网球协会官方网站,https://www.tennis.org.cn/。

表2-8　2018年ITF中国男子网球赛事一览表

赛事级别	赛事地点	赛事时间
15K	安宁	1月8日—1月28日
	武汉	4月30日—5月6日
	安宁	8月13日—9月2日
25K	武汉	5月7日—5月13日
	六安	5月14日—5月20日
	泸州	5月28日—6月3日
	银川	6月4日—6月10日
	深圳福田	7月2日—7月15日
	昆山	7月16日—7月22日

数据来源：中国网球协会官方网站，https://www.tennis.org.cn/。

四、中国网球公开赛发展历程

2004年，首届中国网球公开赛在北京光彩网球中心举行。北京光彩网球中心是一座拥有容纳10000名左右观众的中心球场、两片各带1500个座位的球场，以及12片外围场地，作为ATP、WTA二级赛巡回赛，硬件设施完全符合国际标准。作为一项新兴业态，网球赛事受到了大学生的追捧，加上组委会邀请世界顶级球星参赛，如小威廉姆斯（塞雷娜·威廉姆斯）、玛利亚·莎拉波娃等，中网一开始就深受北京市民的喜爱。2008年，北京获得第29届夏季奥运会举办权，为满足奥运会网球项目的比赛要求，在国家奥林匹克公园兴建了网球场馆，即"莲花"和"映月"两个大型网球场以及9片配备简易看台的网球场。奥运会结束后，"莲花"和"映月"以及附属网球设施自然成了奥运"遗产"。2009年，中国网球公开赛迎来了全面升级：女子赛事升级为皇冠级，男子赛事升级为ATP 500，与此同时，中网在硬件设施方面也进行了相应升级。同年，中国网球公开赛的举办地迁址至国家奥林匹克网球中心，中国网球公开赛的办赛条件得到了改善。为了满足中网赛事不断发展需要，2011年，一座带有13520个观众席的现代化网球场馆落成，即现在的"钻石"球场。至此，中网球场建成了与四大满贯相一致的标准配置——一个中心馆、两个副馆，从现有的网球场馆设施来看，中网并不逊色于四大满贯赛事。著名网球运动员拉斐尔·纳达尔在中网现场接受记者采访时表示，中网场馆有非常好的氛围，设施设备无与伦比，是全球最漂亮的场馆之一。

迄今为止，中国网球公开赛发展大致经历了以下三个阶段。

第一阶段（2004—2008年）：生存发展阶段。中网前身是中国香港的TOM公司运营的"香港沙龙杯网球赛"，由于赛事在香港发展受限，试图在内地拓展市场，于是就有了如今的中国网球公开赛。在中网创办之初，由于体育产业缺乏商业环境而面临重大考验。据中国网球公开赛体育推广有限公司（以下简称"中网公司"）董事总裁张军慧介绍，这五年中网公司主要做两件事：一是生存，二是普及和推广网球。赛事定位虽然明确，但必须考虑市场能否接受，赛事的定位是以赛事为核心。此阶段，中网对社会定位是作为城市名片。由于中网影响力有限、商业市场环境不成熟等，这种赛事定位无疑有利于争取到政府的政策和资金支持。此外，运营团队在加强赛事本身的运营管理外，还特别注重与媒体的互动，来宣传中网。

第二阶段（2009—2013年）：爬坡过坎阶段。经过五年的成长与发展，中网的赛事影响力显著提升，对于中网成长而言，2009年是划时代的一年。中网男子赛事由ATP三级赛事升级为二级赛事，WTA二级赛事升级为一级赛事。赛事升级的同时，中网还实现了男女赛事的合并。2011年，中网兴建了13520个观众席钻石球场，并配有豪华包厢。此阶段，无论是赛事级别，还是赛事结构都发生了质的变化。赛事升级和奖金提高，以及配套设施的完善，中网财务面临着巨大压力。在此阶段，中网的社会定位是城市会客厅，这一定位表明，中网致力于吸引国内外网球爱好者参与和交流，提升商务接待水平，并在服务上下功夫，增加新的服务内容。

第三阶段（2014年至今）：稳步发展阶段。历经多年的发展，中网在赛事价值和市场培育方面都取得了长足进步。商业化是职业体育赛事的根基，而上座率和收视率则是衡量一项赛事是否成功的重要指标，每年中网上座率稳定在25万人次左右。此阶段，中网的社会定位是打造成"假日休闲消费综合业态"。由于中网举办时间是在"十一黄金期"，如何吸引来自北京市和周边地区的观众成了新的挑战。于是，中网在努力打造高水平体育赛事的同时，还注重提升服务水平和个性化服务，尤其增加了球迷体验与互动环节，比如，"星决战"、与球星合影、球迷进场参与等，旨在增加球迷现场体验内容，使中网商业化氛围越来越浓厚。

四大网球公开赛已有百余年历史，相比之下，创办20年的中网，还处于摸索发展阶段，很多地方尚不成熟，诚然，上海劳力士大师赛也有很多做法与经验值得中网学习与借鉴。

中国网球协会作为社会体育组织，需要发挥其导向和监管作用。目前，我国网球赛事存在数量过多、时间过密等问题。2019年，中国网球协会官方网站公布我国大陆地区全年共有74站大大小小的赛事，这个数量不仅是亚洲第一，在世界范围内也仅次于美国。短短十几年时间，我国职业网球赛事经历了爆炸式的增长，而高级别的赛事大部分集中在每年的九月底和十月初，这对于刚刚起步的中国职业体育市场而言，无疑是沉重的负担，职业网球市场目前呈现出一种无序竞争状态，赛事之间争夺有限资源（赞助商、球迷市场等），很多较高级别的现场球迷寥寥无几，甚至决赛的上座率也不及50%，这样无疑造成了资源的巨大浪费。

放眼全球，职业网球赛事举办地正在接受市场考验，除四大满贯以外，一些级别稍低的赛事很难保证盈利，绝大多数处于亏损状态，自然出现赛事过剩的现象，每年ATP、WTA和ITF世界网球巡回赛数量是相对固定的。ATP、WTA作为世界男女网球管理机构，WTA的生存空间正在逐步受到挤压，市场慢慢地向亚太地区转移，其中，中国是最大的市场。相比之下，ATP的经营状况要好得多。近年来，许多地方政府想极力通过举办国际网球赛事来达到宣传城市、提升城市形象的目的，为此不惜一切代价申办赛事。我国现有的职业网球赛事，一种是拥有赛事永久举办权的，如中国网球公开赛、上海劳力士大师赛、成都网球公开赛等；另一种是通过租赁的形式举办的，如武汉网球公开赛、天津网球公开赛等。然而，国内职业体育市场刚刚兴起，市场需求较小，还不足以支撑网球赛事市场的快速增长。可以肯定的是，这些全年举办的赛事为中国网球选手、裁判员、球童甚至志愿者的成长以及网球运动的普及与推广发挥了重要作用。但是，我们理应清醒地认识到，发展本土品牌赛事刻不容缓。2019年，中国网球巡回赛已经呼之欲出；2020年，此项赛事正式拉开帷幕。

第三章 四大网球公开赛与中网赛事
多层面比较

第一节 四大网球公开赛与中网宏观层面比较

体育是一项具有很强影响力和广泛包容性的事业，它与经济、政治、文化、社会等众多领域紧密相连，同时，体育的发展是需要借助社会各界的力量来推动和促进的。

一、社会制度

新中国成立70多年来，中国逐步形成了中国特色的社会主义国家制度和治理体系，并在实践中体现出多方面制度优势，例如，坚持中国共产党的领导、集中力量办大事、坚持以人民为中心等。社会主义制度能够调动社会成员及其资源，迅速响应社会需求，将资源投向社会需要的行业、领域、部门，从而在较短的时间内完成重大和紧迫的任务，这一制度优势为中国迅猛发展提供了根本保障。实践证明，我国社会主义制度在不同历史时期都发挥了重要作用，也是战胜国内重大突发性事件的法宝。诚然，举国体制在中国竞技网球发展过程中发挥了不可替代的作用。

举国体制与市场体制是在特定的经济体制和社会背景下形成与发展

的，应该说，举国体制与市场体制各有优、缺点。举国体制与市场体制可以优势互补。因此，走举国体制与市场体制相结合的道路是中国竞技体育制度的最佳选择。举办大型体育赛事通常需要各级政府提供的社会资源，而这些社会资源绝大多数是以有偿服务的形式提供，这无疑会增加体育经营者的经济负担。目前，政府在管理体育赛事方面政策性举措多于服务性举措。未来随着中国体育水平发展，政府将逐渐从重大体育赛事运营的主导位置上逐渐向后退位，让位给体育运作的公司。

二、经济水平

（一）中、美、英、法、澳五国GDP分析

1968年，网球进入公开赛年代。从表3-1可知，此时，英国GDP为1047.03亿美元、法国GDP为1298.47亿美元、美国GDP为9425.00亿美元、澳大利亚GDP为326.58亿美元。中国GDP为708.47亿美元，是澳大利亚的2倍之多，由于我国人口众多，民众的人均收入低于澳大利亚。1968—1978这10年，英国GDP总量上涨了约220%、法国GDP总量上涨了约190%、美国GDP总量上涨了约150%、澳大利亚GDP总量上涨了约262%、中国GDP总量上涨了约111%。1978—1988这10年，英国GDP总量上涨了约170%、法国GDP总量上涨了约101%、美国GDP总量上涨了约122%、澳大利亚GDP总量上涨了约99%、中国GDP总量上涨约109%。经过1988—1998年的发展，除澳大利亚外，四大满贯举办国GDP总量都突破万亿美元，美国GDP总量更是高达9.09万亿美元。1998—2008年，英国GDP总量上涨了约76%、法国GDP总量上涨了约95%、美国GDP总量上涨了约62%、澳大利亚GDP总量上涨了约163%、中国GDP总量上涨

了约347%。这十年中国经济取得了巨大成就,改革开放成果逐渐显现,为职业网球赛事在中国落地和发展提供了肥沃的土壤。21世纪初,澳大利亚经济飞速发展,澳网也随之发展壮大,渐渐缩小了与其他三大满贯赛事的差距,四大网球公开赛奖金也在逐渐趋同。2007年,澳网、法网、温网和美网的总奖金都有所增加,其中澳网的涨幅最为显著,温网紧随其后,然而由于欧元的贬值,实际上法网的总奖金有所下降,法网、温网和澳网总奖金逐渐向美网总奖金靠拢,从2005年最多相差1000多万美元缩小到2010年的几十万美元。经济发展水平直接影响着奖金的多少,澳大利亚的GDP远远落后于英国、美国和法国。首届澳网的总奖金为3.35万美元,大约相当于美网奖金的三分之一。到了1973年,美网总奖金上涨为22.72万美元、法网为13.9万美元、温网为13.5万美元,而澳网总奖金虽然也有所增加,却只有5.3万美元。

1968—2008年,我国GDP增长速度相对缓慢,2008—2017年,全球经济进入了一个快速发展阶段,中国经济发展速度惊人,上涨约166%。值得注意的是,自改革开放以来,我国GDP总量增长速度明显加快,但人均GDP与英国、法国、美国、澳大利亚相比偏低,增长速度也较为缓慢,部分年份,中国、英国、美国、法国、澳大利亚五国GDP如表3-1所示。

表3-1 部分年份中国、英国、美国、法国、澳大利亚五国GDP一览表

单位:美元

年份	中国GDP	英国GDP	美国GDP	法国GDP	澳大利亚GDP
2017年	12.24万亿	2.62万亿	19.39万亿	2.58万亿	1.32万亿
2008年	4.60万亿	2.89万亿	14.72万亿	2.92万亿	1.05万亿
1998年	1.03万亿	1.64万亿	9.09万亿	1.50万亿	3988.99亿
1988年	3123.54亿	9101.23亿	5.25万亿	1.02万亿	2357.00亿
1978年	1495.41亿	3358.83亿	2.36万亿	5067.08亿	1183.09亿

年份	中国GDP	英国GDP	美国GDP	法国GDP	澳大利亚GDP
1977年	1749.38亿	2630.66亿	2.09万亿	4102.79亿	1101.74亿
1976年	1539.40亿	2326.15亿	1.88万亿	3723.19亿	1048.95亿
1968年	708.47亿	1047.03亿	9425.00亿	1298.47亿	326.58亿
1967年	728.82亿	1111.85亿	8617.00亿	1194.66亿	303.90亿
1966年	767.20亿	1070.91亿	8150.00亿	1105.97亿	272.62亿
1960年	597.16亿	723.28亿	5433.00亿	626.51亿	185.73亿

注：数据资料来源于世界银行官方网站，https://www.worldbank.org/en/home。

（二）中、美、英、法、澳人均GDP分析

GDP是衡量一个国家总体经济状况的重要指标，而人均GDP则是衡量民众购买力水平的重要指标。从表3-2可知，1960年，美国人均GDP为3007美元、英国人均GDP为1380美元、法国人均GDP为1338美元、澳大利亚人均GDP为1807美元、中国人均GDP仅为89美元。1968年，美国人均GDP为4659美元、英国人均GDP为1896美元、法国人均GDP为2532美元、澳大利亚人均GDP为2719美元、中国人均GDP为91美元。2008年，美国的人均GDP为48401美元、澳大利亚的人均GDP为49535美元、法国的人均GDP为45334美元、英国的人均GDP为46767美元、中国人均GDP为3471美元。以上数据表明，正是澳大利亚、法国、英国和美国良好的经济基础为大满贯赛事的发展创造了条件。1978年，党的十一届三中全会召开，从此拉开了中国改革开放的序幕，也标志着中国经济进入了快速发展阶段。1998—2008年，世界经济进入飞速发展阶段，美国人均GDP增长了15452美元，涨幅约为47%；英国人均GDP增长了18753美元，涨幅约为67%；法国人均GDP增长了20360美元，涨幅约为82%；澳大利亚人均GDP增长了28218美元，涨幅约为132%；中国人均

GDP增长了2643美元，涨幅约为319%。2008年，受世界金融危机影响，职业网球难免受到冲击，很多知名企业纷纷退出赞助网球组织或赛事。来自国际网球联合会的最新统计，2009年网球赛事的赞助的增长率只有1.3%，而2008年是8%，2007年则是10%。

表3-2　部分年份,中、英、美、法、澳五国人均GDP一览表

单位:美元

年份	中国	美国	英国	法国	澳大利亚
2017年	8826	59531	39720	38476	53799
2008年	3471	48401	46767	45334	49535
1998年	828	32949	28014	24974	21318
1988年	283	21483	15987	17615	14257
1978年	156	10587	5976	9221	8239
1976年	165	8611	4138	6826	7474
1968年	91	4695	1896	2532	2719
1967年	96	4336	2023	2346	2575
1966年	104	4146	1959	2189	2339
1960年	89	3007	1380	1338	1807

注:数据来源于《东方早报》。

　　一个国家的经济发展水平一定程度上影响着体育发展程度。显然，强大的经济基础为大满贯赛事的良性运行提供了基础。1968年，美国人均GDP为4695美元，澳大利亚人均GDP为2719美元，法国人均GDP为2532美元，英国人均GDP为1896美元。发展至今，网球运动虽说并非想象中那般高消费，但网球运动的确存在一定的经济门槛，需要有良好的经济基础作为支撑。我国人均GDP明显低于四大满贯赛事举办国，这从经济实力的角度解释了我国民众在体育消费上的有限能力，而网球运动的消费水平相对较高且属于小众项目，国人在网球运动领域消费水平偏

低就不足为奇了。此外，我国地域辽阔，资源丰富，但东部与西部、农村与城市之间的经济发展水平存在一定差异。2019年，中国GDP达14.4万亿美元，人均GDP达10276美元，意味着中国处于中等偏上收入国家的水平，单纯从GDP总量来看，我国已成为世界第二大经济体，尽管如此，我国人均可支配收入还不高，中国仍是世界上最大的发展中国家之一。近年来，中国引进职业网球赛事的步伐日益加快。我们既要看到GDP持续快速增长为我国职业体育改革与发展提供了坚实的经济基础，也应看到人均GDP偏低以及区域发展不平衡对我国职业体育发展构成了一定的制约，因此，现阶段我国职业体育的发展必须有计划、有步骤地进行，避免盲目跟风和全面铺开。

三、文化背景

美国文化人类学家克罗伯和克拉克洪在《文化：一个概念定义的考评》中指出，"文化存在于各种内隐的和外显的模式之中，借助符号的运用得以学习与传播，并构成人类群体的特殊成就，这些成就包括他们制造物品的各种具体式样。文化的基本要素是传统的思想观念和价值，其中尤以价值观最为重要"。体育不仅是身体锻炼的一种形式，更是一种文化现象，职业体育代表了体育文化中的精髓，文化是一种软实力而有时不被重视。这里讨论的文化主要指举办国文化以及赛事长期发展过程中形成的赛事文化，赛事文化是赛事的核心价值重要组成部分，它受举办国文化影响，又不同于举办国文化，具有独特性、创造性和持久性等特点。赛事文化是品牌竞争力之一。球迷、球员、赛事运营、赞助商等一系列要素构成了网球文化，文化对于赛事的长远发展至关重要。

（一）中、西方人生活方式的差异

篮球、排球、棒球、网球等很多运动项目源于西方，后来才逐步传播到世界各地，进而发展为全球性运动项目。中西方文化差异在生活方式上表现得尤为明显——西方文化倾向于活跃和动态的生活方式，而中国文化则更注重宁静和静态的生活方式。西方人特别是年轻人对足球、橄榄球、篮球和网球等激烈和紧张的比赛场面非常热衷，老年人则喜欢赛车、赛马、高尔夫、网球、台球等观赏性较强的运动。他们愿意自费乘飞机跟着自己心爱的球队和球星，不远千里去国外观看一场比赛。相比之下，过去，中国人在闲暇时更倾向于进行一些恬静的活动，人们不情愿花钱、花时间去现场观看体育比赛。然而，中国人对体育运动的态度正在悄然改变，南京大学周晓虹教授在其著作《中国中产阶级调查》中指出，在闲暇时光里，中国44.2%的中产阶层选择运动健身，其中27.9%的人经常去体育场馆健身，43%的人偶尔去，这些数据表明了中产阶层对运动健身的意识较高，多数人愿意花钱消费。

（二）四大网球公开赛鲜明的文化特征

历经百余年发展，四大网球公开赛形成了各自鲜明的赛事文化特征。赛事文化不同于国家文化，四大满贯的赛事文化既有国家文化的一部分，也有赛事长期形成的企业文化。赛事文化并非抽象的概念，而是具体且实际的，它与赛事的发展战略、经营管理等紧密相连，并遵守着自己的发展规律，如澳网以海洋文化为背景，展现出独立自主和不断创新的特点。法网作为社会文化的一种表现形式和载体，通过网球比赛传递浪漫、休闲、时尚的价值观，允许参与观赏的观众保持并展现自己的个性。温网一直保留了一些传统，比如，参赛选手必须穿白色球衣、使用木质的记分牌和木质的看台、注重赛事的人文精神诉求等。美国是世界上商业化程度较高的国家，网球堪称美国商业化运作的典范，美网通过语言、文字、画面、音符等形式呈现出其商业化的特点。温网受英国文化中贵族等级制、自由主义、崇尚传统等的影响，体现在温网的赛事文化上，尤其注重等级、传承和礼仪文化等。为避免过度商业化，温网广告少而精，多为"嵌入式"。有学者在描述温网广告时用"零广告"是不妥当的，实际上，温网广告收入约占总收入的35%，也就意味着温网不仅有广告，而且广告的收入与其他三大满贯赛事的广告收入相差无几，只是温网不同于其他三大满贯将广告放在显眼位置，而是巧妙地利用"嵌入式"广告方式实现广告商和赛事互利共赢的效果。此外，温网对于运动员服装上的广告要求同样苛刻，如1982年，温网"女金刚"纳费拉蒂诺娃比赛服上出现了某品牌香烟广告，温网为维护其自身整体形象，规定除相关运动用品赞助商之外，不允许球员服装上出现任何可识别的广告。由此可见，温网一贯的严格和传统构成了现代温网独特的赛事文化。

此外，温网和法网建有专门的博物馆。温网从诞生起，就注重收藏、整理所有发生与温网有关的人和事。全英俱乐部建立了一个网球博物馆，馆内所有物品都与网球相关，如网球拍形状的耳环、网球形状的吊坠、多个网球组成的面包架，以及球拍和网球造型的手链等。温网博物馆收藏了很多有价值、有意义的服饰，如罗杰·费德勒卫冕温网冠军时所穿的夹克衫、艾米莉·毛瑞斯莫夺冠穿着的服装、1936年弗雷德·佩里赢得冠军的奖杯以及安德烈·阿加西告别中心球场所穿的衣服等。温网除了博物馆以外，还修建了专门的图书馆。温布尔登图书馆于1977年对外开放，这座图书馆现收藏超过6000本书，而且拥有来自全球各地的杂志、网球书籍、年鉴、期刊、音像作品和各种各样的出版物。每到一个国家，最能触动人心并引起共鸣的往往是该国的文化，而温布尔登博物馆就是一个网球文化的汇聚之地，这里有着纯正的英国本土文化，同时，也在时间的长河中不断吸收着博大的世界文明。因此，温网也通过博物馆和图书馆为世界网球发展贡献着力量。法网博物馆比温网博物馆更大，收藏了各式各样不同时代的法网展品，如球拍、球衣、网球、帽子、扇子、领带、怀表等。2017年，法网博物馆采用了声、光、电等高技术手段，生动地呈现了现代网球的发展历程，在法网博物馆里增设了RG实验室，进入RG实验室便有一条梦幻的球员时光隧道，给球迷带来难以忘怀的体验。与温网和法网建立博物馆的方式不同，澳网和美网采用了在球迷广场修建球星雕像的文化表现形式，如澳大利亚网球协会为了表彰罗德·拉沃尔对澳大利亚乃至世界网球的贡献，将澳网主赛场以其名字命名，并在球馆前广场树立一座巨大雕像。此外，为了纪念和表彰一些本土球星为澳大利亚网球发展所作出的重要贡献，澳大利亚效仿国际网球名人堂的做法，成立了自己的网球名人堂。与大满贯赛事相比，中网创建时间相对较短，还没有形成自己独特的赛事文化。

四、科学因素

科学技术是第一生产力。网球运动快速发展与先进科技水平息息相关，先进科学技术在网球拍、网球服饰、网球场地、鹰眼系统等开发应用方面，都发挥了重要作用。

（一）网球拍、弦

早期的网球拍主要是用加拿大桉木生产的，木制球拍一直是主流，直到1961年，拉科斯特公司制造了一把金属材质的球拍，渐渐地网球拍中蕴含的科技元素不断增加。往后，陆续推出钢、铝、石墨、玻璃纤维、陶瓷、钛、钨等材料的网球拍。自公开赛以来，随着网球运动的职业化不断推进，科技被广泛地运用到网球运动中来。由于球拍和球弦的专业化水平、科技化含量越来越高，击球速度越来越快，击球力量越来越大。网球弦不仅影响击球力量的大小，还影响控球能力。网球弦由最初尼龙线变成今天的肠弦。网球拍球弦的不断改进无疑极大提升了职业网球运动员的竞技水平。

（二）网球服装

每年的澳网和美网常常在高温天气下进行，于是，舒适与速干的服装面料成了运动员的迫切需求，高科技无疑解决了网球服装面料这一难题。网球运动对运动员的着装有着严格的要求，如温网参赛选手必须穿着白色球衣（占比超过90%），1932年之前，男子选手都穿着长裤参赛，男子双打需要穿着颜色和款式相近的球衣，女子比赛穿着网球裙，等等。网球服装由最初的保暖遮体发展到引领时尚潮流，网球裙就是典型代表。在网球赛事逐步走向开放和现代化的同时，球迷关心的不仅仅是比赛的结果和过程，还关注球员的外表、服装，甚至各类八卦新闻等。比如，纳达尔的七分裤和无袖衫、费德勒的直领T恤以及女选手各式各样的网球裙，掀起了球迷对球员着装的追捧。美国服装设计师Betsey Johnson指出，专为运动员量身定制的服装不仅要符合他们的体型和运动习惯，还要满足他们的审美要求，进而引领时尚潮流。

（三）通信设备

四大满贯与IBM（International Business Machines Corporation）的强强合作，让外场球迷第一时间了解到赛场信息。除此之外，还能帮助球迷了解比赛得分记录、选手发球速度以及其他比赛数据等信息，比如，主裁判员借助 PDA（Personal Digital Assistant，一种具备数据处理、通信、定位等功能的便携式设备）将赛场上的比分和统计数据实时记录并传输给裁判和球迷，主裁判用它来记录比分和统计数据。当主裁判员记录下比分、数据等信息后，它将这些信息通过无线传输技术传送至 IBM 命令中心，并最终将这些信息发送至系统中心供裁判团队以及赛事组织者调用。运动员、裁判员、教练乃至工作人员接收到的信息始终保持高度一致，且在比赛场边亦会有工作人员手持记录仪器进行实时跟进记录，所有这些高效的记录工作都是由 IBM 专业人士负责操作的。相比以前的纸质记录方式，掌上 PDA 设备系统既方便操作，又安全高效。

五、区域分析

如前所述，一项成熟赛事不仅需要举办国强力支持，如政治稳定、经济支撑、文化引领等，在赛事转播、球迷支持等方面，也受赛事举办国周边国家的政治、经济、文化、政策等的影响，从四大满贯球迷、赞助商、转播商等来看，周边国家至关重要，例如，温网海外球迷约占总球迷的30%，而海外球迷主要来自周边国家，此外，很多赛事的赞助商也来自周边国家或地区。

（一）四大网球公开赛的区域环境分析

1.欧洲赛事多而集中

职业运动员制定年度参赛计划时会综合考虑身体健康状况、奖金、积分、赞助商以及自己的喜好等因素。事实上，顶级球员参赛计划往往以四大满贯赛事为中心来安排训练与比赛行程。2021年，诺瓦克·德约科维奇参赛计划包括了一系列重要的赛事有ATP杯、澳网、迈阿密大师赛、蒙特卡罗大师赛、马德里大师赛、罗马大师赛、法网、奥运会、辛辛那提大师赛、上海劳力士大师赛、年终总决赛以及戴维斯杯等。由此可见，在身体条件允许的情况下，顶级选手参赛计划主要围绕四大满贯，再穿插一些ATP大师赛或WTA皇冠赛。尽管奥运会没有奖金和积分，毕竟是代表国家比赛，其意义非同一般。因此，奥运会也是职业球员所看重的。

职业网球巡回赛遍布全球各地，也就意味着球员需要不停地辗转奔波。出于生存与发展需要，以及来自国际网球管理机构的强制要求，只要身体条件允许，职业网球运动员就会克服舟车劳顿和时差的痛苦尽可能地去世界各地参赛。以2018年诺瓦克·德约科维奇参赛为例（见表3-3），德约科维奇全年共参加了16站比赛，总行程57050千米，平均每天的行程为366千米。于是，选择经济、舒适的交通工具是球员考虑的重要因素。首先，快捷的交通方式，能给职业运动员省下不少训练时间，尤其在比赛间隔短、距离长的时候；其次，舒适的交通方式，能给赛前赛后的运动员节约不少体力，减少运动员在旅途中的体能消耗，避免在赛前增加不舒适感；最后，经济实用的交通方式也同样重要，并不是所有职业运动员都有着雄厚的经济实力。其实，在职业体育全球化发展的进程中，交通运输业的快速发展起着关键性的作用，尤其是飞机、高铁的普及。从年度网球赛事看，欧洲职业网球赛事数量多、级别高，包括温网和法网。有的时候，WTA或ATP两个同级别赛事会同时在欧洲不同地方举办，给予球员更多选择。

表3-3　2018年洛瓦克·德约科维奇参赛行程一览表

赛事名称	举办地点	举办时间	两站比赛直线距离/千米	两站比赛时间间隔/天	平均每天行程/千米
澳大利亚网球公开赛	澳大利亚墨尔本	1月15日—1月28日	—	—	—
法国巴黎银行公开赛	美国印第安韦尔斯	3月5日—3月18日	12854	33	390
迈阿密公开赛	美国迈阿密	3月19日—4月1日	3682	1	3682
蒙特卡罗大师赛	摩纳哥蒙特卡罗	4月16日—4月22日	7891	14	564
巴塞罗那公开赛	西班牙巴塞罗那	4月23日—4月29日	501	1	501
马德里公开赛	西班牙马德里	5月7日—5月13日	505	7	72
罗马大师赛	意大利罗马	5月14日—5月20日	1365	1	1365
法国网球公开赛	法国巴黎	5月28日—6月10日	1106	7	158
发烧树锦标赛	英国伦敦	6月18日—6月24日	345	7	49
温布尔登网球锦标赛	英国伦敦	7月2日—7月15日	0	7	0
罗杰斯杯	加拿大多伦多	8月6日—8月12日	5724	21	273
西部和南部公开赛	美国辛辛那提市	8月13日—8月19日	666	1	666
美国网球公开赛	美国纽约	8月27日—9月9日	915	7	131
上海劳力士大师赛	中国上海	10月8日—10月14日	11874	28	424
巴黎劳力士大师赛	法国巴黎	10月29日—11月4日	9277	14	663
ATP年终总决赛	英国伦敦	11月12日—11月18日	345	7	49
合计	16	—	57050	156	366

注：数据来源ATP官方网站，https://www.atptour.com/en；两站间隔不足1天按1天计算。

2.特殊的地理位置助推欧洲职业网球赛事一体化发展

欧洲作为网球运动的发源地和赛事聚集地，除与其经济、文化有关外，特殊的地理位置也为体育赛事提供便捷，比如，温网、法网举办地英国和法国，仅英吉利海峡之隔，而法国和德国、瑞士、意大利、西班牙等国家接壤，为欧洲体育赛事成功举办创造了有利条件。欧洲国家国土面积普遍不大，欧洲跨国比赛犹如我国跨省比赛，少数欧洲选手选择自己驾车出国参赛。从世界排名靠前的球员所属国看，当属欧洲最多，这与网球运动在欧洲普及与发展有必然联系。交通是经济发展的动脉，历史经验告诉我们，一个地区经济发展离不开交通运输业的发展。发达的交通运输业除为经济发展提供便捷外，还为民众的生活提供了便利，促进了区域资源的共享和区域内部的情感交流。例如近年来，随着我国"一带一路"倡议的推进、港珠澳大桥的建成通车，以及高铁的快速发展，无不彰显了交通运输业的发展对我国发展的重要性。

3."申根政策"为欧洲人出国提供便捷

1985年，欧盟国家成立"申根区"。按照申根协议的相关规定，所有欧盟公民都可以在任何欧盟国家旅行、工作和生活，无须签证手续。基于此，申根政策为网球职业运动员在欧洲区域参赛提供了便捷。ATP大师赛举办地绝大部分位于欧洲，由于欧洲实行申根政策，一方面，取消了烦琐的签证手续，为球员节约了不少经济和时间成本；另一方面，欧洲国土面积普遍较小加之发达的交通工具以及"申根政策"，为境外观众去赛场观赛提供了便利，这也解释了为什么四大满贯赛事约30%的球迷来自国外。

（二）中网赛事的区域环境分析

亚洲作为世界面积最大、人口最多的一个洲，分为东亚、东南亚、南亚、西亚、中亚和北亚六个地区，共有48个国家组成。

1.经济发展总体水平不高

国内生产总值（GDP）是从总量上反映一国经济实力的重要指标。

与欧洲相比，亚洲经济发展水平相对滞后，除日本、韩国、以色列、新加坡等少数几个国家或地区外，包括中国在内绝大多数国家仍然属于发展中国家。尽管中国已经成为世界第二大经济体，但其人均GDP仍然处于世界中等水平。2023年，中国人均GDP世界排名69位。亚洲区域经济化以东南亚国家联盟最为典型，与欧盟作为一个内部充分开放而对外相对封闭的经济区域不同的是，东盟由于成员国经济发展水平较低，地区内尚未形成足够大的市场和足够多的资源以满足各国发展需要。反观欧洲，1950年，西欧发达国家为推动本地区各自的经济发展成立欧洲共同体，简称"欧共体"，该组织为区域性经济贸易组织，建立"关税同盟"，实行统一的税率、跨国交通管理和农业政策。1991年，在欧洲共同体发展的基础上成立了欧洲联盟，简称"欧盟"，欧盟是经济区域化水平最高的地区之一，为成员国之间的经贸来往提供便利，发展至今，欧盟共有27个成员国。

2.阿拉伯国家的独特文化

亚洲地区拥有众多阿拉伯国家，例如卡塔尔、黎巴嫩、科威特、沙特阿拉伯、伊拉克、也门、叙利亚、巴林以及约旦等。2018年，根据世界人均GDP排名看，世界前50国家有阿联酋（排名第26）、巴林（排名第34）、科威特（排名第33）、沙特阿拉伯（排名第39）、阿曼（排名第46）。这表明，西亚地区国家经济发展水平普遍较高。然而，这些阿拉伯国家有着独特的地方文化，包括服饰文化等，这些文化特点与网球运动衣着要求在某些方面可能存在差异。此外，阿拉伯国家炎热天气和风沙气候也限制了网球运动的开展。尽管受到阿拉伯国家的文化、气候等因素的影响，因盛产石油，很多阿拉伯国家非常富裕，网球运动一度在阿拉伯国家深受民众欢迎。例如，20世纪70年代，伊朗在1971—1977年举办了ATP巡回赛，并在首都举办号称"德黑兰大满贯"。如今，在阿联酋的迪拜举办一站ATP 500级别的迪拜免税网球冠军赛，为提高赛事的知名度和影响力，赛事组委会不惜花费重金邀请费德勒、德约科维奇等顶级网球选手参赛。此外，在卡塔尔的多哈也有ATP 250级别的卡塔尔美孚石油公开赛。

第二节　四大网球公开赛与中网中观层面比较

四大网球公开赛与中网中观层面比较，主要指网球产业层面或网球行业层面，如职业网球赛事结构、运行机制、举办城市等。

一、赛事结构

（一）赛事属性

四大网球公开赛分别由澳大利亚网球协会、法国网球协会、全英俱乐部以及美国网球协会具体负责赛事运营与管理，大满贯委员会负责这些赛事的协调工作。中国网球公开赛由ITF、WTA、ATP授权，国家体育总局和北京市人民政府共同主办，ITF负责协助。由此可见，四大网球公开赛举办权属于各自国家网球协会，同时，由大满贯委员会来统一协调。换言之，四大满贯赛事除了受到各国家网球协会的管理外，还会受到大满贯委员会的统一管理和指导。大满贯赛事无论对女子还是男子而言都是世界最高水平的赛事，ITF一级赛是青少年网球中最高级别赛事。而中网是由ITF、WTA、ATP世界网球管理机构共同授权的赛事，女子是仅次于大满贯的WTA皇冠级赛事，男子是ATP 500级别的赛事，青少年是ITF青少年二级赛，显然，中网女子赛事级别要高于男子赛事。四大网球公开赛是四个相对独立赛事，而中网是ITF、WTA、ATP共同推广的综合性赛事，类似于中网的还有迈阿密公开赛、马德里公开赛和印第安维尔斯公开赛。赛事期间，WTA 和 ATP 曾为维护各自的权威和利益，有时在中网球员安排场地时会出现不和谐的情况，例如争相安排男、女球员进入钻石球场比赛等。

（二）赛事项目

四大网球公开赛设有成年赛、青少年赛、元老赛以及轮椅网球赛。成年网球项目设有男单、女单、女双、男双、混双，毫无疑问，成年赛是四大满贯的重头戏；青少年赛设有男单、女单、女双、男双，四大网球公开赛的赛场上，青少年赛事主要目的是培养未来的网球明星；元老赛设有女双、男双，元老赛由赛事组委会邀请已退役的著名网球运动员参加，主要以娱乐为主。轮椅网球赛是为肢体残疾人士设立的网球赛事，其特点是允许球在两次弹跳后击球，设有男单、女单、女双、男双项目。设置元老赛、轮椅网球赛，充分体现大满贯赛事的人文关怀和赛事公益性。相比四大网球公开赛，中网没有设置元老赛和轮椅网球赛。中网成年网球赛设有男单、女单、女双、男双项目，由于中网是由 WTA、ATP 共同举办的赛事，因而没有设混双比赛。

（三）赛事级别

签位的数量直接反映赛事的级别和规模。在四大网球公开赛中，男女单、双打的签位数都是一样的，即单打 128 个签位，双打 64 个签位。作为四大满贯赛事，无论赛事影响力、赛事积分、赛事奖金都是网球赛事中最高的，职业球员为有朝一日能站在四大满贯领奖台上而不懈奋斗。中网是一项男女合赛的赛事，在女子方面，它是 WTA 皇冠级赛事，单打为 64 个签位，双打为 32 个签位，按照 WTA 的规定，皇冠赛强制要求世界排名前20位的选手参加，因此，每年的中网都能吸引众多顶级女子选手参赛；在男子方面，中网是ATP 500级别的赛事，单打为32个签位，双打为16个签位，按照ATP规定，世界排名前30位的选手必须参加至少四站ATP 500巡回赛（全年共计11站），因此，男子选手便有了更多选择，这也是中网男子高排名选手不多的原因之一。与四大网球公开赛相比，中网的竞争激烈程度尤其是在男子赛事方面要逊色不少。此外，四大满贯的青少年赛事是ITF一级赛，而中网青少年赛事为ITF二级赛。

（四）赛事赛制

四大满贯与中网的女子单打、双打赛制基本相同，即实行三盘两胜制，不同的是四大满贯单打赛事决胜盘实行长盘制，而中网决胜盘却采用平局决胜制。四大满贯和中网的女子单打都采用三盘两胜制，但在决胜盘阶段，澳网、法网以及温网采用长盘制，即比分达到6：6后选手需要连续多赢两局方可获胜。双打赛事的赛制在四大满贯和中网中完全相同，即1-1平局直接采用"抢七"来决胜。四大满贯与中网的男子单打不同，四大满贯男单实行五盘三胜制，且澳网、法网以及温网的决胜盘实行长盘制，即比分达到6：6后连续多赢两局方可获胜。而中网男单实行三盘两胜制，男子双打赛事的赛制与女子双打完全相同，即平局直接采用"抢七"决胜。四大满贯男子赛事采用五盘三胜制，且决胜盘采用长盘制，长盘制是网球运动的传统之一，最具历史意义的比分之一是约翰·伊斯内尔与尼古拉斯·马胡在2010年温网首轮网球公开赛中创造的比分（70：68）。统计数据表明，2018年，澳网、温网、法网共有29场比赛采用长盘制，其中，温网半决赛中安德森在决胜盘以26：24的高比分战胜伊斯内尔，遗憾的是，决赛中安德森以0：3败给了德约科维奇。决胜盘采用长盘制，不仅增加了选手运动性疲劳和受伤风险，也给电视和现场观众带来视觉疲劳，甚至影响了比赛转播进程。因此，不论从运动员和观众利益，还是转播商利益的角度考虑，取消决胜盘长盘制已成为一种趋势。2019年，澳网与温网就决胜盘是否采用长盘制进行了探讨，澳大利亚网球协会决定，当比赛比分达到6∶6时，采用抢十的方式结束比赛，全英俱乐部主席菲利普·布鲁克宣称，温网决胜盘达到12∶12的比分时采用抢七的方式结束比赛。在不久的将来，或许有一种取代决胜盘长盘制的新赛制出现，当然，即便是采用长盘制的澳网、法网和温网，在决胜盘赛制上也存在差异。

二、运行机制

构建有效的治理体系和规范的市场运作，既是西方职业体育成功的关键，也是我国职业体育发展与完善所追求的目标。澳网、温网、法网、美网分别是由各自的国家网球协会管理与运营的，为此，要深入理解四大网球公开赛与中网运营机制，我们需要从这些国家网球协会的角色和功能入手。

百余年来，澳大利亚、法国、英国以及美国网球协会在网球普及与发展过程中，尤其是作为职业赛事的经营与管理主体发挥着重要作用，取得巨大成功。1953年，中国网球协会在北京成立，标志着中国网球开始步入有序发展的新阶段，近十年来，中国网球运动取得显著进步，中国网球协会在其中发挥不可或缺的作用。网球运动管理中心是国家体育总局直属事业单位，又是中国网球协会的常设办事机构，具有对网球运动项目全面管理的职能。诚然，中国网球协会面临着转型或实体化改革等挑战，为此，对澳大利亚、法国、英国、美国网球协会的运营模式进行研究，一方面，可以揭示四大满贯运营成功的关键因素；另一方面，对推动中国网球协会改革和发展具有重要理论价值与现实意义。

（一）澳、法、美、英网球协会与中国网球协会

澳网、法网和美网都是由各自国家网球协会负责运营与管理，温网是由全英俱乐部和英国网球协会共同负责运营与管理。总之，四大网球公开赛都是由非营利性体育组织来经营与管理的，而这些非营利性体育组织又是实体化，即公司化运营，其目的是一致的，即通过更好的经营与管理扩大该赛事影响力，获取更多利润来为本国网球发展贡献力量。中网运营与管理机构是北京中国网球公开赛体育推广有限公司，该公司属于营利性组织。从表3-4可见，四大满贯运营机构都是各自国家网球协会或俱乐部，属于非营利性体育组织，而中网运营与管理机构为北京中国网球公开赛体育推广有限公司，属于营利性体育组织。近半个世纪以来，非营利性体育协会活跃在世界的舞台上，在竞技体育的公平性与可持续性、促进社会体育蓬勃发展上起到重要作用。事实上，四大满贯既是世界上最具影响的网球赛事，又是各自国家网球协会最重要的经济来源。据报道，美国网球协会80%以上的收入来自美网；法国网球协会2019年度报告数据显示，全年收入5.35亿欧元，其中80%都源于法网。

表3-4　四大满贯与中网的运营机构及性质

赛事名称	运营机构	机构性质
澳大利亚网球公开赛	澳大利亚网球协会	非营利性体育组织
法国网球公开赛	法国网球协会	非营利性体育组织
温布尔登网球锦标赛	全英俱乐部与英国网球协会	非营利性体育组织
美国网球公开赛	美国网球协会	非营利性体育组织
中国网球公开赛	北京中国网球公开赛体育推广有限公司	营利性体育组织

1.澳大利亚网球协会

澳大利亚网球协会（Tennis Australia，简称TA）是澳大利亚网球运动的管理机构，成立于1904年。澳大利亚网球协会举办了一系列网球赛事，其中最著名的是澳网。澳网是澳大利亚网球协会"拳头"赛事，除此之外，TA还承办阿联酋澳网系列赛（布里斯班国际赛、霍普曼杯、霍巴特国际赛、世界网球挑战赛）、戴维斯杯和联合会杯、澳大利亚职业巡回赛等。TA还负责组织和推广各种网球活动，包括举办澳新银行网球热点赛事、有氧网球活动和免费网球日等，旨在提高网球的普及度和参与度。

2.全英俱乐部

全英俱乐部是由贵族和精英组成的非营利性体育组织，前身成立于1868年，1977年改名为全英俱乐部。该俱乐部不属于任何国际网球组织，其主要赞助人是英国皇室，2017年，皇室赞助人的代表为凯特王妃。全英俱乐部会员主要有三类：正式会员（包括终身会员）、荣誉会员和临时会员。三者区别在于，正式会员和荣誉会员都能参加俱乐部会议，但只有正式会员有投票权，这意味着温网的发展方向很大程度上取决于正式会员的决策。该俱乐部的会员资格号称"世界上最难购买的10种东西之一"，会员的名额有严格限制（正式会员为375人，荣誉会员的上限为70人，临时会员为120人），因此，无论成为哪种会员，都要经过严格的审核程序和满足一定的要求。成为全英俱乐部会员后会拥有许多特权，如在温网场地打球（中心和1号场除外）、使用温网更衣室和训练器械、每天可以购买两张温网门票等。需要指出的是，温网是由全英俱乐部主导英国网球协会协助而共同举办的，这与澳网、法网和美网完全由各自国家网球协会主办有所不同。

3.美国网球协会

美国网球协会（United State Tennis Association，简称USTA）成立于

1881年，是美网网球运动的管理机构，是一个非营利性体育组织，USTA由一个志愿者执行委员会负责指导组织并监督所有活动，但也有超过50名全职带薪工作人员。协会主要有职业网球、社区网球和球员发展三个部门。据美国网球工业协会的统计数据，美国现有27万片网球场地，拥有1700万网球爱好者和70万以上的会员。1975年，美国草地网球协会改名为美国网球协会，构建以美网以及美网前系列赛为主，各级各类赛事为辅的赛事体系。美国网球赛事体系有如下特点：一是结构合理。通过搭建青少年赛、大学生赛、职业网球赛等逐步升级的赛事结构，为美国网球可持续发展提供了保障。二是普及面广。赛事体系不仅有职业比赛、大学生赛、青少年赛，还设有成人赛、老年人赛、轮椅赛等。三是考虑周全。青少年赛事又分为初学者网球赛、团队赛、校园网球赛以及国内公开赛；大学生网球赛由美国大学运动协会牵头，学校网球队根据水平划分为三个等级，每个等级都有排名，并采用升降级制；成人网球赛事除按技术水平划分等级外，还依照选手的年龄、性别来划分；每个类别比赛细分得合理、科学。美国网球学校的优势在于提供丰富的比赛机会，使运动员积累了丰富的实战经验。网球学校数量多，相互之间的友谊赛极其频繁，基本上是每两天就会有一场校内比赛，每周都有一场网球学校间的友谊赛，这些比赛都会进行排名，这种"以赛代练"的方式大大提高了训练效果。

4.法国网球协会

法国网球协会（French Tennis Federation，简称FTF）是法国网球运动的管理机构，成立于1901年。FTF一直非常重视年轻球员的培养，并且拥有一个发达的俱乐部体系作为其培养计划的重要保障，全国共有7475个注册网球俱乐部，这些俱乐部每年都能得到法国网球协会的支持与资助。法国网球协会鼓励在法国举办锦标赛，旨在促进年轻人获得大型比赛经验，目前，法国也是所有四大满贯举办国中本土球星最多的国家，法国网球协会历来注重本土球员的培养，这也是即便在缺乏球星的情况下，法网依旧能够吸引众多球迷的原因。

5.中国网球协会

中国网球协会（Chinese Tennis Association，简称CTA）成立于1953年，是一个具有独立法人资格的全国性、公益性和群众性体育组织，CTA是代表中国网球利益的非营利性体育组织，也是代表中国参加国际网球体育组织的唯一合法组织。与国外不同，中国网球协会属于事业单位，这类单位在经济社会发展中扮演着提供公益服务的主要角色，自改革开放以来，以中国网球协会为代表的中国事业单位在推动国家经济社会发展中发挥了重要作用。

（二）澳、法、英、美网球协会与中国网球协会组织架构

澳大利亚、法国、英国和美国网球协会的运行机制大同小异，因此，重点以澳大利亚网球协会为案例，与中国网球协会进行比较，以避免对法国、英国和美国的网球协会的重复研究。

中国网球协会是我国网球运动的官方管理机构，其领导结构为名誉主席1人、名誉顾问1人、主席1人、副主席8~10人、顾问6~8人、特邀副主席4~5人、秘书长1人、副秘书长6人。CTA下设教练委员会、裁判委员会、职业化工作委员会、科研委员会、经营开发委员会、青少年发展委员会、新闻宣传委员会、业余活动委员会和纪律仲裁委员会等。

澳大利亚网球协会（TA）领导机构依靠董事会来执行其职能，采用分层管理模式，主席、副主席以及委员都各自承担不同的职责和同时进行协作。协会主席主要负责决策、处理对外事务以及协调各部门之间关系。在四大网球公开赛举办国的网球协会中，主席通常由具有网球专业背景的人士担任，澳大利亚网球协会上一任主席斯蒂夫·希利曾是一名

职业运动员，他曾获得澳网青少年男双冠军，在担任网球协会主席前他曾是卡斯特伍德网球俱乐部管理人员。相比之下，中国网球协会主席通常为政府官员担任。综上分析，二者在本质上存在区别，即协会工作重心不同。中国网球协会工作重心更多是宏观方面，侧重于政策的制定；而澳大利亚网球协会则在宏观与微观方面都有所涉及，侧重于实际操作。

2019年，中国国家发展和改革委员会发布了《关于全面推开行业协会商会与行政机关脱钩改革的实施意见》，明确提出按照去行政化的原则，落实"五分离、五规范"的改革要求，全面实现行业协会商会与行政机关脱钩，计划在2020年底前基本完成。在这次全国性行业协会商会脱钩改革名单中共计795家协会，其中，422家已脱钩、373家拟脱钩，中国网球协会也在计划脱钩的名单之中。其实，体育协会实体化改革既是中国特色社会主义市场经济的产物，也是职业体育发展的客观要求，因此，中国网球协会实体化改革也是情理之中。

（三）澳大利亚网球协会与中国网球协会运行目标

依据2014年我国事业单位的分类，中国网球运动管理中心被归类为公益一类的事业单位，专门从事公益服务。网球运动管理中心是国家体育总局直属事业单位同时又是中国网球协会的常设办事机构。澳大利亚网球协会则明确为一个在维多利亚州注册的担保责任有限公司。从协会任务看，尽管中、澳两国的网球协会都是代表本国网球利益的非营利性体育组织，但在组织性质和运作模式上存在本质区别。

CTA与TA二者在目标任务方面有着相似之处，它们都致力于制定相关政策，组织、协调和引导全国网球运动发展，推动网球项目发展，以及通过开展相关经营活动，为本项目事业发展筹措、积累资金，以保障网球运动的持续发展等。TA不仅注重网球相关政策和规则的制定和修改，更注重对网球赛事商业化运作，通过经营多种与网球赛事相关产业来获取利润，并将这些利润再次投入本国网球运动发展中去，进而带动网球项目可持续发展。TA盈利部分除了满足协会必要开支外，剩余部分用于社区网球设施建设、运动员、教练员和裁判员培养以及网球运动在校园中的推广等。据《澳洲金融评论报》报道，2017年，TA投资3600万澳元，用于支持各州网球协会、基层网球运动项目或作为预备资金。除此之外，TA在澳网期间，还组织和推广各种网球活动，包括澳新银行网球热点赛事、有氧网球和免费网球日等，以普及和推广网球运动，旨在促进更多人参与其中。相比之下，CTA几乎涵盖了中国网球发展从宏观到微观的全过程，但由于缺乏自主经营权，中国网球协会在实现目标过程中可能会感到"力不从心"，在网球普及和推广等方面可能会显得"缩手缩脚"。近年来，为满足国内职业网球赛事发展需要，中国网球协会加大了教练员和裁判员的培训力度。在运动员培养方面，遵循"好钢用在刀刃上"的原则，将有限的资金集中在少数具备国际竞争力的选手上进行重点培养，而青少年后备人才培养的重任依旧落在各省市级运动队上；在网球进校园方面，由于学校体育开展归属于教育行政部门，体育行政部门在学校普及和推广网球运动时可能会遇到一些阻力或不畅。

综上，CTA和TA的基本目标是一致的，那就是促进网球运动在本国的可持续发展。然而由于经费受限，CTA在实现这些目标时可能会存在一些困难，而TA则因为拥有充足的经费保障，能够制定具体的计划和举措，已形成了一个良性的循环；另一方面，TA高度实体化，拥有完备的组织结构和大量常年工作人员，而CTA主要依靠网球运动管理中心的工作人员来推动全国网球事业的发展，这显然是很困难的。

（四）澳大利亚球协会与中国网球协会运营管理

TA采取公司化运营方式，以职业网球赛事为抓手。TA除组织和经营澳网外，还负责一系列其他重要赛事，包括阿联酋澳网系列赛（布里斯班国际赛、霍普曼杯、阿皮亚国际悉尼赛、霍巴特国际赛、世界网球挑战赛）、戴维斯杯和联合会杯以及澳大利亚职业巡回赛等。进入21世纪，在中国网球协会和多方努力下，中国成功引进了很多ATP、WTA、ITF等国际职业网球赛事，如中国网球公开赛、上海劳力士大师赛、武汉网球公开赛、成都网球公开赛、天津网球公开赛以及WTA年终总决赛等。需要指出的是，中国网球协会在这些赛事引进、协调方面发挥了重要作用，而赛事经营与管理由不同的专业的公司负责，中国网球协会一直扮演着协助和监督角色，却没有真正参与赛事的经营与管理，如中网由北京中国网球公开赛体育推广有限公司运营，上海劳力士大师赛由上海久事国际赛事管理有限公司运营，武汉网球公开赛由武汉体育发展投资有限公司运营，等等。根据中国网球协会的任务描述，它需要通过开展必要的经营活动来筹措和积累资金，以保障网球运动持续发展的需要。由于中国网球协会的性质，它不能直接运营赛事，这里的"必要的经营活动"可能指的是通过合作方式收取一定的费用。

TA的资金主要来源于业务和活动收入以及国家赞助等，而公开赛、巡回赛（来自运营和活动的收入）占据了收入的主导地位，这表明TA的收入来源并不依赖政府或相关部门的支持，而是通过自主经营职业网球赛事，特别是澳网，来维持自身运转。相比之下，中国网球协会对于国家行政部门依赖性较强，目前还不具备自主经营的条件和能力。在2016—2017年澳大利亚网球协会的年度报告中，财务明细约占总报告的四分之一篇幅，这点充分表明了作为非营利性体育组织，财务公开和透明对协会的组织运作尤为重要。

CTA 的经费主要来源于国家体育行政主管部门的拨款、社会捐助以及会费收入等。近年来，随着职业网球赛事在中国陆续举办，赛事合作费已然成了 CTA 一个重要收入来源。中网是由中国网球协会代表与 ITF、WTA、ATP 等国际网球组织签订协议共同举办的，而赛事具体运营则委托北京中国网球公开赛体育推广有限公司，中国网球协会实际参与中网运营的部分工作，如与国际网球组织沟通与协调、裁判员的抽调以及全程指导监督等。为更好地培育和发展中国网球事业，除 WTA、ATP 挑战赛以及 ITF 低级别巡回赛外，CTA 对其他级别赛事要收取相应合作费。2017 年，CTA 出台了国内网球赛事合作服务费的收费标准，例如 ATP 250 赛事需缴纳 30 万元，ATP 500 赛事需缴纳 60 万元，ATP 1000 赛事需缴纳 100 万元，ATP 总决赛需缴纳 110 万元，WTA 赛事国际系列赛需缴纳 15 万元，超级 700 赛需缴纳 30 万元，超五赛需缴纳 60 万元，WTA 精英赛需缴纳 60 万元，超级强制赛需缴纳 90 万元，WTA 总决赛需缴纳 100 万元等。需要指出的是，中网作为 ATP 和 WTA 的合赛，服务费用为 120 万元，这是在 WTA 超级强制赛和 ATP 500 的总额基础上降低 20% 后的价格，为了支持低级别赛事的发展，ATP、WTA 挑战赛和 ITF 低级别巡回赛暂不收赛事合作服务费。作为非营利性体育组织，澳大利亚网球协会如何合理运用盈利资金自然引人关注。据《澳洲金融评论报》报道，2017 年，澳大利亚网球协会通过澳网以及澳网前的系列赛，收入多达 3.2 亿澳元，除了 7500 万澳元作为储备资金外，3600 万澳元投资到各州网球协会、基层网球运动项目或作为预备资金。中国网球协会的经费必须用于规定的业务范围和事业的发展，不得在会员中分配。事实上，中国网球协会一直致力于运动员、教练员、裁判员的培养。四大满贯赛事均由各自网球协会承办，进一步说，这些协会之所以有巨额收入，就是因为四大满贯赛事的绝大部分盈利直接纳入了国家网球协会。中网由中国网球协会主办，实际上，中网除了缴纳一定的管理费外，中网的收支与中国网球协会的关系不大。

三、举办城市

（一）人口特征

赛事发展与举办城市的基础设施、人口数量、消费水平，以及举办城市居民的消费理念、生活方式等密切相关，也离不开举办地政府的支持与配合，比如，交通管制、水电供应、安全维稳、签证发放等方面，四大满贯与中网举办地信息如表3-5所示。

表3-5　四大满贯与中网举办地信息一览表

赛事名称	时间	举办城市	气候	人口	时区	所属洲
澳网	一月的最后两个星期	墨尔本	温带海洋性气候	500多万	东十区	大洋洲
法网	五月底至六月初	巴黎	温带海洋性气候	200多万	东一区	欧洲
温网	七月初	伦敦	温带海洋性气候	800多万	零时区	欧洲
美网	八月底至九月初	纽约	湿润亚热带气候	800多万	西五区	北美洲
中网	九月底至十月初	北京	暖温带半湿润半干旱季风气候	2000多万	—	亚洲

墨尔本是澳大利亚第二大城市，素有"澳大利亚文化之都"的美誉，城市绿化率超过了40%，人口500多万，是澳大利亚经济与文化中心，也

是体育赛事之都。时至今日，体育赛事成为墨尔本城市的标签，并对提升城市知名度、提供就业机会以及带动旅游业发展都起到了关键作用。墨尔本既是澳网举办地，也是维多利亚州首府，与其他三大满贯举办地不同，墨尔本公园位于市中心。墨尔本经济繁荣支撑起了职业体育赛事开展，澳网之所以长盛不衰主要得益于此。巴黎是法国首都，欧洲第二大城市，拥有200多万人口，罗兰·加洛斯球场是法网举办地，巴黎拥有埃菲尔铁塔、巴黎圣母院等著名景点，埃菲尔铁塔也是巴黎地标建筑，埃菲尔铁塔广场成为每年男、女单打冠军拍照、媒体采访、球迷见面的热门景点。法国政府非常重视法网对城市的影响，法网举办期间，巴黎市长经常出席法网现场并与广大球迷互动，2017年，巴黎市长安妮·伊达尔戈出席法网活动并与轮椅运动员交流。伦敦是英国首都，人口800多万，90%的人口集中在城市，且近一半人口居住在伦敦至兰开夏一线区域。纽约是世界四大城市之一（与伦敦、巴黎和东京并列），人口约800万人，国家网球中心是美网举办地。自由女神、大都会博物馆、百家汇等著名景点为来自世界各地的球迷提供了丰富的观赛与旅游体验。

研究表明，四大满贯现场观众约30%来自国外，约70%来自国内，而国内绝大部分球迷是来自举办城市的。因此，城市人口数量是支撑一项赛事发展的重要基础，当然，城市居民经济收入、生活方式、消费理念等也至关重要。四大满贯举办城市总体呈现如下特征：第一，人口基数大。伦敦是英国人口最多的城市，巴黎是法国人口最多的城市，纽约是美国人口最多的城市，墨尔本是澳大利亚人口第二多的城市。第二，国际化大都市。这些城市不仅人口众多，且有相当比例的富裕阶层，而且是国家的金融中心和世界交通枢纽，拥有世界上最发达的交通网络体系。符合此标准的城市有纽约、伦敦、巴黎和东京等。第三，城镇化率高。1890年，英国城市人口超过农村人口，1920年，美国城市人口占总人口比例达到51.2%，到了1994年已经有116个国家城市人口超过了农村人口。在一些国家，城市人口可以占到全国总人口的70%以上。应该说，西方国家的高城镇化率为职业体育的发展创造了有利条件。北京作为中网举办地，是我国政治与文化中心，截至2023年末人口约2186万人。此外，北京拥有天安门广场、故宫、颐和园、八达岭长城、十三陵等一批著名景点，这些景点为赛事增添了独特的魅力，吸引了大量国内外游客和观众。

（二）气候特征

网球赛事通常是在户外举行，因而，与举办城市气温、降雨等气象条件联系紧密。澳网开赛时间为每年一月份最后两周，正值澳大利亚夏季，因此，澳网既是一年中最早的大满贯赛事，也是"最热的"大满贯赛事。澳大利亚年平均气温为15～26℃，澳网期间，球场地面温度有时可达42℃，这对球员的体能与心理都是个巨大的考验。受温带海洋性气候影响，澳网历史上曾经因雨水导致球场积水。为应对酷热天气，防止运动员中暑，澳网给予了女选手15分钟"热休息"时间，并在场馆的入口处放置防晒乳供观众使用，细微之处无不体现了赛事组织者对选手和观众的关怀与周到服务。每年五六月份是巴黎阴雨时节，七月初是伦敦阴雨时节，因此，每年法网、温网也不同程度地受到雨水影响。法网红土球场上有这样戏剧性的一幕：比赛中突然下雨，场边工作人员迅速地拆掉球网和球柱，然后工作人员齐心协力拉着一块防雨布朝一个方向奔跑，几分钟之内便将球场遮盖好，如此娴熟和专业的动作已成为法网一大特色。考虑到温网与法网赛事时间间隔较短，从2015年起，温网开赛时间向后延迟一周，即由原先的6月底改为7月初。美网期间，平均气温为20℃，历史上也经常出现高温天气，只是受雨水影响相对较小。2018年，由于天气异常炎热，美网组委会给予了男、女运动员各15分钟的

"热休息"时间。炎热天气不仅影响球员发挥，还增加了球员受伤风险。相比澳网、美网期间的高温天气，法网和温网期间的气温要"温和"得多，白天温度约20℃，非常适合比赛。中网通常在9月底至10月初举办，此时中国北方已进入深秋季节，北京昼夜温差较大，白天温度在15℃左右，比较适合球员发挥，但夜场比赛温度有时候降到5℃左右，这在一定程度上会影响球员正常发挥。在大满贯历史上因雨水侵袭而改变赛程的情况时有发生，直到20世纪90年代，为防止恶劣天气影响和适应电视转播需要，四大满贯中心球场陆续增加了带有可伸缩的顶棚（法网除外）。通常情况下，顶棚都是敞开的，这也保持了网球作为一项室外比赛的传统。

雾霾天气的频繁出现，对于长时间暴露在户外运动并进行深呼吸的网球运动员来说显然不利，少数球员或工作人员出现喉咙疼痛等不良症状。北京市政府高度重视雾霾问题，并下定决心治理，在北京地区以及周边省市的通力协作下，通过去产能和关闭高污染企业等举措，空气质量明显好转。2020年，澳大利亚遭受连续几个月的山火，这造成了空气重度污染，很多球员感到不适应，差一点让本届澳网被取消。

第三节　四大网球公开赛与中网微观层面比较

四大网球公开赛与中网微观层面主要指赛事组织和赛事参与群体层面，如场馆设施、赛事制度、颁奖仪式、组织设计、赛事营收、目标受众、参赛选手、服务团体、品牌标识、风险管控等。

一、场馆设施

场馆设施是举办网球赛事前提条件，也是赛事文化的组成部分。四大满贯比赛场次多、时间间隔紧，同时需要满足近80万人次现场球迷的观赛需求，势必对场地数量、规格等方面提出严格要求。为适应不断发展壮大的赛事，四大满贯举办地和场馆设施发生了数次变迁。迄今为止，四大满贯场地性质在发展过程中发生了变化，从"清一色草地"到如今"一草地、一红土、两硬地"，当然，四大满贯场馆都在找寻差异化发展，并体现赛事特色。

（一）场馆变迁

1.澳网场馆

首届澳网在库扬举办，当时组委会投入了近10万美元来改造场馆设施，确保赛事顺利进行。1985年，为顺应快速发展的澳网，国际网球联合会主席建议将澳网场馆升级到大满贯标准，至此，澳网由库扬迁至墨尔本公园网球中心。此时，澳网赛场悄然发生变化：一是场地性质由传统的草场转变为硬地；二是球馆被改造成有可伸缩屋顶的体育馆，这使澳网也成了第一个拥有可伸缩顶棚的大满贯赛事；三是观众人数大幅增加，现场观众人数多达14万人次，次年达27万人次。1996年，随着澳网不断发展壮大，州政府决定对原有赛场翻新，面积扩大近一倍，并新增2个表演场地、8个外场和一个宽敞的多功能中心。进入21世纪，随着体育产业成为国民经济新的增长点，体育赛事也迎来新的发展机遇，维多利亚州决定对墨尔本公园再次扩建，为玛格丽特·考特球场增加了可伸缩顶棚，并增加1500个座位，使澳网成为唯一拥有三个顶棚的大满贯赛事。此外，还建立一个新的东部广场，新建8个室内训练场和13个室外球场。起初，四大满贯中，澳网基础设施最为薄弱，举办地变迁最为频繁，曾在7座城市循环举办（见表3-6）。因澳网举办地频繁变化让人觉得没有归属感和安全感，即便是本土选手参赛热情也不高，更不用说国外选手了。然而，不断升级的场馆设施为日后澳网大满贯地位奠定了坚实基础。

表3-6　历届澳网举办城市和次数一览表

举办地	墨尔本	悉尼	阿特莱德	布里斯班	帕斯	克莱斯特彻奇	黑斯廷斯
次数	64	17	14	7	3	1	1

注：统计数据截止到2019年。

2.美网场馆

首届美网是在罗得岛新港举行的，此后，美网女单与男单赛事分别在不同城市举办，而双打项目分别在芝加哥、波士顿举办。1931年，美国人亨利·亚历山大·罗宾逊造出第一块绿土球场，因其颜色纯正、性能稳定、寿命较长、维护费较低等特点，不久，美网绿土球场成了大小赛事的普遍选择。20世纪70年代，是绿土球场鼎盛时期，1975—1977年，美网在绿土球场上举办。然而，随着性能和球速更稳定的硬地球场逐渐兴起，绿土球场自然被取而代之。1978年，美网从森林小丘（Forest Hill）移至法拉盛，球场位于比利·简·金国家网球中心，这标志着美网从私人俱乐部向公共网球中心的重要转变。1987年，美网场地被改造成如今的硬地球场，美网也是唯一一个分别在草地、硬地和土地上举办过的大满贯赛事。

3.法网场馆

据史料记载，600年前，巴黎就有室内和室外网球场。到了1700年，巴黎已经有大约250片网球场。1970年，法网之前的热身赛仅有1项，红土赛事不仅数量有限，而且法网也没有得到充分的重视。1980年，男子赛事增加到13项，女子赛事为4项。到了20世纪90年代，法网前热身赛在数量和密度上已与现在接近，每年4月，世界网球巡回赛便进入了"红土赛季"，还有大量低级别赛事，法网地位迅速得到提升。2017年，法国网球协会为了纪念网球界传奇人物，将3号场地命名为西蒙娜·马蒂厄球场，2019年，该球场正式投入运营。

4.温网场馆

1877年，在温布尔登的沃尔普路（Worple Road），全英草地网球和槌球俱乐部第一次举办网球锦标赛，这标志着温网的诞生。1884—1885年，温网增设了3个带有顶棚的看台，对观众来说，Worple Road 旧场地是一个让人感到亲近的地方，大理石和开放茶园草坪营造了花园聚会的友好氛围。1909—1914年，温网兴建了新的看台 B，增加了 600 个座位，1913年，又新建了看台 C。1914年，温网在看台 A 的基础上进行扩建，将座位数从 2300 个增加到 3500 个，到了 1919 年，一个开放型的看台在 4 号球场旁边建立了，这个容量一直保持到 1921 年。此外，露天看台 D 可以容纳大概 600 个观众。在 Worple Road 中心球场周围有 9 片球场，中央球场本身就是一个奇妙的圆形剧场，观众离得很近，甚至可以看到球员脸上的表情，也能观察到球员情绪变化。1919年，本土球员多萝西娅·兰伯特·钱伯斯和法国球员苏珊娜·伦格伦在此进行了一场激动人心的比赛，这场比赛节奏完全由英国选手掌控并获胜，令全场的观众为之疯狂。

1922年，随着温网搬到教堂路，花园聚会的气氛被有意识地保留下来。新的中央球场似乎更大，可以容纳 13500 名观众，观赛体验更加强烈。20世纪30年代，蓬勃发展的报纸业对决赛新闻报道迅速增加，1937年，电视的问世加速了全世界对温布尔登及其锦标赛的兴趣。20世纪30年代中期，弗雷德·佩里在温布尔登取得的辉煌成就，以及戴维斯杯的成功，为英国带来了巨大的经济效益。二战之前，一年一度的温布尔登网球花园聚会已经成为一项国际体育盛事，其规模之大，是其他运动都无法比拟的。固守传统的温网为顺应时代发展，2019年，一号场馆建有顶棚。温网作为英国网球象征，站在温布尔登的草地上，人们能感受到人、网球与自然的完美结合。

频繁地变换举办时间和地点，这意味着大满贯赛事在困难中寻生存，在生存中求发展。20世纪末，随着网球赛事商业化、职业化、全球化发展，为保证四大满贯赛事顺利进行，大满贯中心球场纷纷盖起顶棚，以防止恶劣天气干扰，即便是固守传统的温网也不例外，然而，固执的法网不仅没有盖起顶棚，也没有安装灯光，甚至不使用鹰眼，这也是法网有别于其他大满贯之处。

5.中网场馆

2004年，首届中网在北京光彩网球中心举办。光彩网球中心由1个中心球场（可以容纳一万名左右观众）、2个副场（各带1500个座位）以及12片外围场地组成。作为ATP、WTA二级赛巡回赛，硬件条件完全符合要求。2008年，北京获得承办29届夏季奥运会举办权，为满足奥运会网球项目的比赛要求，在国家奥林匹克公园兴建了网球中心，即"莲花"和"映月"2个大型网球馆以及9片网球场。2009年，中网赛事全面升级，女子赛事升级为皇冠级，男子赛事升级为ATP 500系列赛，同年，中网举办地迁址到国家奥林匹克网球中心。为满足赛事发展需要，2011年，一座带有13520个观众席的现代化网球场馆落成，即今天的"钻石"球场。

（二）场馆参数

1.中心球场

中心球场顾名思义就是在所有场馆中面积最大、功能最齐全的。通常情况下，中心球场安排排位较高的选手或本土选手参赛，也是男、女单打决赛地，还是开幕式和颁奖仪式的地方。除温网外，其他三大满贯中心球场都有各自名称，名称多以人物来命名，比如，澳网的罗德·拉沃尔球场、法网的菲利普·夏蒂埃球场和美网的阿瑟·阿什球场。从座位数来看，美网的阿瑟·阿什球场最多，达到23771个，而其他三大满贯均在

15000个左右。为顺应大满贯赛事发展，中心球场多次在原有基础上改造升级。从建成年份看，多集中在20世纪末，美网的阿瑟·阿什球场建于1997年、法网的菲利普·夏蒂埃球场建于1999年、澳网的罗德·拉沃尔球场建于1988年和温网的中心球场建于1997年，体现了四大满贯赛事发展的高度一致性。如今，为应对恶劣天气和赛事商业化发展的需要，中心球场陆续增加顶棚，从而保证赛事顺利进行。

2.场馆名称

归纳起来，四大满贯球场命名主要有三类，其一，以人物名称命名。比如，法网的菲利普·夏蒂埃中央球场、苏珊·朗格朗球场以及美网的阿瑟·阿什中央球场等。这些球场通常以对网球有重大贡献的球星来命名，如苏珊·朗格伦、阿瑟·阿什、罗德·拉沃尔等。与四大满贯不同的是，中网球场命名富有寓意，如"钻石""莲花""映月"球场。此外，为纪念前ATP总裁、执行主席布拉德·德拉维特先生，感谢他为中国职业网球赛事发展过程中所作出的巨大贡献，1号球场在赛事时间被命名为"德拉维特"球场。其二，以赞助商命名。澳网通过场馆冠名方式来吸引企业赞助的做法由来已久，这是一种成功的营销方式，达到互利共赢目的。其三，以数字来命名。与其他三大满贯不同，温网的场馆名称没有按人物名称来命名，如中央球场，其余按照数字排序编号，这也是温网远离商业化举措之一，目的就是让温网成为最纯粹的网球赛事。

3.场馆数量

四大满贯赛事须在两周之内完成所有比赛，因此，在场馆数量和质量上也有着硬性要求。因此，四大满贯场馆建造有相同之处，即一个中心球场，两个规模稍小些的副馆，以及一定数量的室外比赛球场和练习场。中心场馆主要用于举办揭幕战和闭幕战，能够进入中心球场参加比赛的通常是种子选手，或者是本土球员，以单打比赛为主，也是票价最高的球场。两个副馆同样也承担着重要的比赛任务，而室外场地主要安排前几轮比赛，以双打和低排位球员单打为主。练习场主要供运动员赛前热身或赛期训练，四大满贯赛事的外场地的数量一般在20片左右，如澳网有22片、法网有23片等。

4.场馆容量

从中心球场座位数来看，美网阿瑟·阿什球场独占鳌头，也号称世界最大的网球场，澳网、法网和温网球场的座位数均在15000个左右。四大满贯的球馆设计和建造都融入现代化技术，能容纳15000人的罗德·拉沃尔球场，无论你身在何处，都能拥有绝佳视角。"钻石"球场能容纳13520人，是具有开合屋顶和双层玻璃包房的现代化球馆，应当说，年轻的中网在硬件方面完全可以与大满贯相媲美，而软件建设还需要进一步提高。

5.场地性质

由表3-7可知，四大满贯赛事起初都是草地网球场。由于法国气候和土壤都不适宜草地生长，因而，法网场地便早早改为土场并沿袭至今。澳网和美网同样是草地球场，美网从1975年开始使用硬地赛场，而澳网也于1988年更换成硬场地，唯有温网一直保留了草地赛场。当然，温网作为唯一保留草地球场的大满贯赛事，这与英国人注重传统和相对保守的文化特性不无关系。草地上运动员移动容易打滑，美网曾经允许球员穿钉鞋，如今，这项规定已不复存在，只是根据不同场地性质，运动员对鞋底作了改进，如鞋底的纹路深浅和走向等。相比较而言，草地球场维护费较高，对气候条件要求也格外苛刻，因此，草地球场在世界范围内并不多见。

表3-7　四大网球公开赛与中网场地性质变迁一览表

赛事名称	场地性质（起始）	场地性质（现在）	转换年份
澳网	草地	硬地	1987年
法网	草地	红土	1924年

赛事名称	场地性质(起始)	场地性质(现在)	转换年份
温网	草地	草地	—
美网	草地	硬地	1975年
中网	硬地	硬地	2008年

　　不同场地上击球的参数不同，如球的反弹速度、角度、高度都会根据场地的性质有所不同；球员在球场上移动方式也受其影响，如在土场上滑步技术就非常重要。正是由于不同的场地性质增加了夺得全满贯（即在一年内连续赢得四大满贯赛事）的难度，也提高了顶级选手垄断大满贯冠军的难度。为进一步研究四大满贯场地性质与冠军之间的关系，我们可以分别选取多次夺得大满贯冠军3位男子和3位女子选手进行分析。男子以罗杰·费德勒、诺瓦克·德约科维奇和拉斐尔·纳达尔为例，女子选取塞雷娜·威廉姆斯（小威）、维纳斯·威廉姆斯（大威）和玛丽亚·莎拉波娃为例。费德勒共夺得20个大满贯冠军，其中，2004年、2006年和2007年一年内夺得三个大满贯冠军，德约科维奇分别在2011年、2015年一年内夺得三个大满贯冠军，纳达尔自2005年以来，除因伤缺赛外，2009年、2015年和2016年，连续夺得11个法网冠军。

　　如表3-8所示，截至2019年12月底，最具影响力的小威共赢得23个大满贯冠军，其中7个澳网冠军、7个温网冠军、6个美网冠军以及3个法网冠军。小威分别在2002年、2015年夺得三个大满贯冠军，即便如此，小威也未能获得全满贯。大威共获得7个大满贯冠军，其中，温网5个、美网2个。玛利亚·莎拉波娃共获得5个大满贯冠军，其中，澳网1个、法网2个、温网1个和美网1个。从三位顶级选手的大满贯冠军数不难看出，小威不愧是"女皇"级人物，不仅冠军数量多，而且在四大满贯赛事中均有出色表现。这些成绩展现了她们各自的技术特点和对不同场地的适应能力。

表3-8　著名女子网球运动员四大满贯冠军数量统计表

单位:个

赛事名称	塞雷娜·威廉姆斯	维纳斯·威廉姆斯	玛丽亚·莎拉波娃
澳网	7	0	1
温网	7	5	1
法网	3	0	2
美网	6	2	1

注:数据统计截至2019年12月底。

观察顶级选手夺得大满贯的数量不难发现，即便是费德勒、德约科维奇和小威这样优秀的选手，也没有人能一年内夺得4个大满贯冠军，究其原因，一是选手打法与场地特性有密切关系。众所周知，四大满贯场地不同，澳网和美网是硬地，法网是土地，温网是草地。纳达尔以其防守性打法、上旋球以及底线移动的技巧，在"土场"有绝对优势，纳达尔职业生涯土场胜率高达92.02%。二是现场赛事球迷"功劳"。纳达尔深受法国球迷喜爱，法网仿佛成了纳达尔主场，费德勒是澳网、温网和美网的"宠儿"。费德勒、小威、德约科维奇以及纳达尔夺得了绝大多数大满贯冠军。一方面，这些巨星出场保证了赛事核心竞争力，吸引到赞助商和目标受众的广泛参与，为四大满贯良性运营提供了有力保障；另一方面，不同性质场地既是大满贯特色所在，又丰富了网球的战术打法，有力地推动了网球技术的全面发展，也增添了网球赛事的观赏性。

二、赛事制度

四大网球公开赛之所以处于塔尖位置，除了其悠久的历史外，还有两大关键性因素：一是赛事积分高，二是赛事奖金高。毫无疑问，绝大多数职业球员是通过比赛获取奖金、广告赞助收入等来生存发展的，尤其是排名较低的选手主要依靠赛事奖金来维系团队的运转，一些有潜质的选手可能因付不起相关费用而早早退出比赛。

（一）赛事奖金

1.逐年攀升的总奖金

进入21世纪，四大网球公开赛总奖金逐年攀升，2012—2017年，六年时间，美网总奖金翻一番。有报道称，澳网组委会宣布2019年澳网总奖金为6050万澳元（折合人民币约2.95亿元），这预示着2019年，四大满贯的总奖金将以约10%的年增长率继续上升。2018年，恰逢中网创办15周年，中网总奖金突破1000万美元大关。四大满贯奖金实现男、女同工同酬之后，每一轮男女赛事奖金都完全一致。中网女子赛因为是皇冠级赛事，赛事级别仅次于大满贯，男子是ATP 500赛事，因此，奖金自然不同。与四大满贯相比，中网除了奖金较低外，更重要的是四大满贯赛事具有更高的曝光率，球员商业价值也随之提高。2019年，连续10年赞助中网的劳力士退出了白金赞助商行列，这对中网而言无疑是一大损失，进一步表明了中国职业体育虽然市场潜力巨大，但成熟度还有待提高，劳力士选择赞助上海大师赛而非中网更多出于商业化发展战略考虑。

2013—2017年，四大网球公开赛总奖金以惊人速度逐年递增，反观中网，尽管每年也在递增，但总奖金不及四大满贯的四分之一。职业网球赛事有如此高的奖金，与国际网球职业赛事形成了良性运行模式是分不开的。据《证券时报》报道，2019年，泸州老窖成为澳网新的赞助商，签订了为期五年的战略合作计划，赞助澳网资金约为1200万美元。泸州老窖选择赞助澳网，既体现了泸州老窖国际化发展的战略，也体现了澳网赛事商业价值。

2.单打奖金远多于双打

四大满贯赛事设有男、女单打，男、女双打和混双等项目。2016年，澳网单打首轮的奖金约是双打的2.02倍，混双的5.16倍；2016年，澳网单打冠军的奖金约是双打的3.07倍，混双的10.18倍。通过四大满贯的奖金分配可以发现一些规律，那便是单打在四大满贯赛事中占据首位，其次是双打，最后是混双。四大满贯的奖金分配比例大同小异，此处不再对温网、法网和美网进行赘述。造成单打奖金远高于双打的原因主要有三个方面，其一，公平原则。单打付出更多，男子单打采用五盘三胜制，双打采用三盘二胜制，且决胜盘采用抢十制，这就意味着单打对选手的体能要求更高。而双打更侧重于选手之间的相互配合，对选手的个人综合能力要求相对低一些，尤其是选手心理压力双打与单打不能相提并论。其二，单打更能吸引球迷的关注。单打前10名的选手均为世界顶级球星，选手的战术十分全面，比赛精彩程度自然就高，在比赛中常常能够看到一些创造性的打法或击球，具有很强的观赏与娱乐价值。单打节奏也不同于双打，观众可以很好地融入其中，享受比赛的乐趣。由此，单打场次的上座率高，电视转播费用也高，也是四大满贯最核心的赛事资源。其三，西方文化特点。西方重视个体性，强调个人独立能力，提倡个性化运动。欧洲人对单人运动的热衷也体现了这一点。由此可见，网球单打正是迎合西方人的文化偏好。混双比赛中，男女同场竞技中所表现出默契的配合给比赛带来了不一样的气氛，然而，绝大多数球迷都不愿意看到双方男运动员盯着对方女运动员打的"残忍"场面。双打比赛的上座率与关注度远不及单打，为此，2006年ATP和WTA对双打规则进行了修改，双打中采用无占先制和抢十赛制，进而缩短比赛时间，增加比赛激烈程度和悬念，吸引更多优秀选手的参与。

（二）赛事积分

尽管ATP和WTA在四大满贯中采用不同计分系统，但是四大满贯积分认定标准是一致的。以男、女单打为例（见表3-9），从积分可以看出，中网女子赛事是皇冠级赛事，其地位仅次于四大满贯，中网女子单打冠军积分是四大满贯积分的二分之一。中网男子赛事是ATP 500赛事，位于四大满贯和ATP 1000赛事之后，中网男子冠军积分是四大满贯的四分之一，这也很好解释了中网女子赛事球星汇聚而男子赛事则相对缺乏顶级球星的现象。

中网女子赛事积分较高，自然对女选手吸引力较大，为保证高级别赛事的精彩性，不同级别赛事都有强制选手参赛的明文规定：中网作为皇冠级赛事，要求世界排名前10选手必须参加，而男子赛事由于积分低很难吸引到顶级选手参赛。为提升中网男子赛事水平，组委会花费约300万美金邀请顶级选手参赛，这也是职业网球赛事发展初期的一种常见的做法。然而，除德约科维奇、纳达尔等少数顶级选手外，其他用重金请来的选手在中网表现往往不尽如人意，或是因伤退赛或在第一轮就被淘汰。2001年，上海喜力网球公开赛组委会曾以85万美金邀请美国名将安德烈·阿加西参赛，结果安德烈·阿加西首轮就输给了一位不太知名的选手。当然，类似情况在中网也出现过，这也是赛事成长中需要付出的"学费"。

表3-9 四大满贯与中网的单打积分比较

赛事名称	四大满贯（女单）	中网（女单）	四大满贯（男单）	中网（男单）
总决赛	2000	1000	2000	500
半决赛	1300	700	1200	300
4强赛	780	450	720	180

赛事名称	四大满贯(女单)	中网(女单)	四大满贯(男单)	中网(男单)
8强赛	430	250	360	90
16强赛	240	140	180	45
32强赛	130	80	90	0
64强赛	70	5	45	—

（三）竞赛规则

网球竞赛规则作为网球制度文化的重要组成部分，既是评判运动员胜负、行为的基本准则，也是对所有参与赛事相关工作人员的约束。事实上，在所有体育比赛项目中，网球比赛需要的裁判员数量最多，网球竞赛规则也最为复杂，ITF网球竞赛规则长达166页。网球竞赛规则涉及赛事方方面面，比如男、女运动员着装，球衣上广告尺寸大小，双打男子球员衣服颜色，球场周围广告的颜色等；对观众也有严格要求，比如不能随意走动，不能用带有闪光的相机拍摄等；对教练员也有严格要求，比如不能现场通过手势或电子设备进行指导；等等。为顺应赛事发展之需，竞赛规则也多次修改。ITF负责网球竞赛规则制定，四大网球公开赛主要依据ITF制定的竞赛规则，但又有各自的特殊规定。四大网球公开赛的健康发展离不开这些细致入微、不断完善的网球竞赛规则。

1.赛制分析

在所有网球赛事中四大满贯签位数最多。四大满贯所有比赛项目均采用单淘汰制，因而四大满贯签位数为2的倍数，如单打128个签位、双打64个签位、混双32个签位（见表3-10）。其实，四大满贯的签位也是逐步发展并完善的。例如，法网男单前两轮曾一度采用三盘二胜制，女单直到1983年才确定为128个签位且种子选手在首轮也不再轮空。四大满贯签位数多意味着竞争异常激烈，要赢得大满贯需要连续七轮胜利，因此，对选手体能、心理等方面都提出了苛刻的要求。此外，四大满贯采用单淘汰制无形中迫使选手每场比赛都要尽力发挥，稍不留神就会被淘汰出局。总之，获得大满贯冠军不仅需要绝佳的战术、体能，还需要良好的心理承受能力。

四大满贯男子单打为五盘三胜制，女子单打为三盘二胜制。男子单打五盘三胜制是四大满贯所特有的，除此之外，所有ATP巡回赛事男子都是三盘二胜制，因此，男子五盘三胜制对球员的体能来说是个挑战，也反映了四大满贯男单冠军含金量之高。四大满贯赛制及不同项目签位数如表3-10所示。1925—1971年，男子单打和双打比赛最后一轮一度采用五盘三胜制。由于双打上座率和收视率远不及单打，考虑到赛事的转播和精彩度，男子双打后来改为三盘二胜制。2006年，ATP和WTA对双打规则进一步修改，双打采用无占先和决胜盘抢十赛制，进而大大地缩短了比赛时间，同时希望通过修改双打规则来吸引更多单打高手参加比赛。然而，由于四大满贯赛事的高强度以及其他因素，顶级选手通常都选择单打，很少参与双打比赛，只有排名较低的选手会选择参与双打比赛，其目的可能是为了赚取更多出场费。

表3-10　四大满贯赛制及不同项目签位数

项目	赛制	签位数
男单	五盘三胜	128
女单	三盘二胜	128
男双	三盘二胜（无占先）	64
女双	三盘二胜（无占先）	64
混双	三盘二胜（无占先）	32

2007年，温网和法网的男女奖金相同，至此，四大满贯都实现了"同工同酬"。由于四大满贯男子单打是五盘三胜制，而女子单打是三盘

二胜制，这使得少数男球员抱怨男女奖金相同的"不公平"之处。时至今日，四大满贯一直在压缩双打比赛时间。时下，争论焦点是单打决胜盘是否采用长盘制，即便如此，澳网、法网或温网的决胜盘赛制也不尽相同。为缩短比赛时间并进行赛制改革，2017年11月，米兰举办的ATP新生力量总决赛试行了新的规则，即每盘先得4局者胜出，3比3时进行抢七，取消平分时的占先制。2018年，大满贯委员会就决胜盘长盘制改革进行了商讨，2019年，澳大利亚网球协会率先作出决定，澳网决胜盘6比6时进行抢十。同年，全英网球俱乐部主席菲利普·布鲁克宣称，温网决胜盘将采用12比12时抢七，巧合的是这一规则在当年男单决赛中就派上用场，结果是德约科维奇以微弱优势险胜费德勒。在当今娱乐化、多元化竞争日趋激烈的背景下，压缩赛制、缩短比赛时间是网球发展的大势所趋。

2.选手排名

单打时，依照高排名选手对阵低排名选手的保护机制，四大满贯设立种子选手，将种子选手分配在上下半区。而种子选手是基于1975年通过计算机的软件排名得来的，一般每周都会更新一次。在种子选手认定方面，澳网、法网和美网种子选手的排名是以开赛前一周的ATP和WTA的世界排名来确定。而温网种子选手的排名依据球员过去几年的在草地球场的表现，再结合温网开始前一周的世界排名。总之，这些综合考量的目的是约束选手参赛和谋求最大化的商业利益。

2001年以来，四大满贯赛事通常将世界排名前32位的男单和女单选手认定为种子选手。然而，温网并不完全依据ATP和WTA排名系统，它有自己的规定和计算方法，这些方法能够更精确地反映球员个人在草地球场上的成就，按照以下规定计算：①公开赛前一周世界排名的积分；②在过去的12个月里，所有草地比赛的积分；③在过去的12个月里，取成绩最好的一次草地比赛中获得积分的75%。对于女子来说，种子选手的顺序是按照排名顺序来确定的，除非在组委会看来，某一球员的草地球场资格需要调整，以达到比赛的均衡，这一做法无疑会增加温网前运动员对草地网球赛的重视。2019年开始，由原先单打中采用32种子制改为16种子制，这就造成排名较高的选手过早地"碰面"，从而增加了比赛不确定性，进而提高了前几轮比赛的观赏性。

3.规则演变

（1）引入"抢七"

网球步入公开赛时代以来，职业球员的加入使得四大满贯比赛愈发激烈。20世纪70年代，随着电视转播的加入，网球运动不仅增添了现代感，同时，也加快了商业化和国际化步伐。转播赛事是要计时付费的，按照四大网球公开赛最初规定，每盘比赛要净胜两局才能结束，这导致比赛耗时太长了，理论上比赛可以一直打下去。1969年，公开赛的第二年温网就遇到这样的问题，潘乔·冈萨雷斯与阵查理·帕萨雷尔之间的一场经典对决，历经112局才决出胜负，整场比赛耗时5小时20分钟，历时两天才完赛，这场比赛也成了电视观众的"噩梦"。考虑到每年有超过百万观众收看美网，时任美网赛事总监比尔·塔尔伯特决定要对规则进行改革。于是，他奔赴纽波特拜访了另一位赛事总监吉米·范·阿伦，后者所倡导的"抢七制"得到塔尔伯特的高度评价。起初，球员们对此表示抗拒，"打抢七就好像得心脏病一样"，冈萨雷斯说道，塔尔伯特却坚持认为这就是网球运动未来发展的方向。其实，网球史上不乏耗时极长的比赛，这些比赛严重打乱了赛事计划。2010年，温网首轮约翰·伊斯内尔对阵尼古拉·马胡的比赛，共耗时665分钟，决胜盘用时491分钟，创造了温网史上比赛时间最长的纪录，这一纪录已被永久地展示在温网赛场一角如图3-1所示。从侧面可以看出温网注重记录赛事中点滴的故事，也正是这些故事建构了温网浓厚的文化。2018年，温网半决赛约翰·伊斯内尔对阵凯文·安德森决胜盘长达50局的苦战，最终两个人都筋疲力尽，这也使得呼吁改革温网长盘制的球员声音越来越高。

图 3-1　温网 2010 年男单约翰·伊斯内尔对阵尼古拉·马胡的比赛纪录

　　四大满贯引入抢七制已过去 50 多年，很难想象没有抢七制的网球比赛会是什么样子？毫无疑问，这对所有赛事参与人而言都是不利的。对于球员来说，长时间的比赛可能会导致他们下一轮没有体力继续比赛；对于组委会来说，长盘制会打乱赛事进程和安排；对于转播商来说，长盘制也同样带来挑战，毕竟赛事转播是有计划的，况且转播时间越长费用也就越高；对于球迷来说，看完整场比赛便成了煎熬。总之，这种决胜盘的长盘制的弊端已非常明显。

　　（2）投入鹰眼系统

　　鹰眼系统是一项辅助裁判员判罚的技术装备，其原理是通过放置在不同位置多个高倍摄像机来捕捉球的落点，当球员对判罚有异议时，工作人员可以通过回放球飞行慢动作来查看球印。鹰眼技术投入使用可以追溯到 2004 年美网女单四分之一比赛，小威对阵卡普里亚蒂说起，当时比赛中出现了一系列争议判罚，这促使人们开始考虑使用技术手段来辅助裁判。2005年，迈阿密站首次引入鹰眼回放技术，按规则规定：在有鹰眼系统的场地，以鹰眼为最终判罚标准，如果鹰眼无法判定则维持原先判罚。由此，鹰眼系统的准确性至关重要，这套系统的误差值控制在3毫米以内，刚开始，一些人担心此举会延长比赛用时，但实际使用鹰眼技术不仅减少了球员与裁判之间不必要的争执，还增加了比赛的趣味性与挑战性。电子产品的权威性让网球运动以更吸引人的方式呈现在大众面前，不可否认，鹰眼准确率也不是百分之百，实践应用中发现鹰眼也有错判现象。装有鹰眼系统的球场，按照规则规定，每位球员每盘有三次挑战鹰眼的机会（若挑战成功则不计入次数），抢七时追加一次机会。2006年，美网正式启用鹰眼，随后其他大满贯赛事也逐渐使用，法网成为唯一一个拒绝使用鹰眼系统的大满贯赛事，理由是比赛场地为红土场地，裁判对于有争议的球可以亲自查看球印。如今，世界网球巡回赛中，高级别硬地和草地赛事基本上都启用鹰眼系统。安装使用这套设备每次花费约10万美元，因而，出于成本考虑，一些低级别赛事安装鹰眼系统的可能性并不大。值得一提的是，中国网球公开赛自2006年就开始使用鹰眼系统，足以表明中网在赛事硬件投入方面的前瞻性。时至今日，"钻石""莲花""映月"和德拉维特球场都安装了鹰眼系统。鹰眼系统帮助裁判员判罚的同时，也挑战了裁判员的权威性，鹰眼挑战成功率是评判裁判员整体水平的重要标志，这无疑会给裁判员带来压力以及对他们提出了更高的要求。2020年，美网为最大限度地减少疫情所带来的影响，作出了一系列改革，比如，在外围球场使用"全鹰眼系统"充当司线裁判，这是首次在大满贯赛事中使用这一技术，也体现了美网创新精神。随着高科技特别是鹰眼辅助系统的成熟，有关以"鹰眼"代替"司审"的讨论越来越多，单纯从判罚的准确率看，"鹰眼"的确有其优势，但球迷也习惯看到司审整齐划一地步入球场的场景。况且，网球赛事作为一项娱乐产品，需要更多人的参与。

（3）限制比赛时间

网球比赛具有耗时长、不可预测等特点。网球比赛中，有ACE球直接得分，也有需要几十个来回才能决出的一分。正是比赛时间很难把控，网球赛只有开赛时间，没有具体的结束时间。四大满贯赛事的特殊赛制，如男子五盘三胜制和决胜盘采用长盘制，即决胜盘6比6后须领先两局才能获胜。四大满贯中最长一场比赛耗时长达3天11小时零5分。在信息化时代，体育赛事也面临着来自娱乐化电视节目的挑战。因此，缩短比赛时间是四大满贯赛事必须正视的改革问题。2017年，四大满贯赛事组委会聚集商讨如何缩短比赛时间，宣布了有关缩短比赛时间的一揽子改革方案，并计划从2018年澳网开始执行。具体改革内容如下：第一，放弃网球比赛规则中原有的分与分间隔20秒规定，改为严格执行25秒间隔的新要求，并在球场边放置"发球和击球计时器"（2017年美网期间试运行）。也就是说，球员必须在25秒内完成发球。这一变化对于一些动作慢的选手来说并不是件好事，如纳达尔，这样一来可能会影响其原先的节奏；与此同时，对球童的要求更高了，他们必须及时地将球递到球员的手里。第二，赛前热身时间将被严格限制，既"151"规定，球员在进场后1分钟内必须来到球网前为挑边做好准备，然后将有5分钟的热身时间，热身结束后1分钟之内必须开始比赛。如果违反这一规定，最高罚款可达20000美元。第三，取消发球擦网重发规定，如果发球擦网进入场地，将被判定为有效球，而非先前的重发球。2018年，这一规定在国际青少年比赛中开始实施。

（4）约束退赛

按照网球规则，运动员每参加一轮比赛就可以拿到对应奖金。然而，这种做法的弊端已渐渐暴露出来，如运动员可能会因为各种原因消极比赛、中途退赛等，这对观众来说显然是不公平的，同时也会影响转播商的计划，于是，四大满贯决定对运动员退赛行为进行规范：①2018年起，如果在单打正赛签表中的球员，因身体状况无法参赛，并在正赛开打前的周四中午12点之后退赛，将只能拿到首轮比赛奖金的50%。顶替其位置的幸运落败者（即资格赛最后一轮失利的选手中排名最后的选手）将得到剩余的50%，以及其随后所获的额外比赛奖金。②2018年起，任何参与正赛首轮的球员，如果出现中途退赛，或者以低于职业水准的表现比赛，将有可能在他们所获首轮比赛奖金中扣除一定罚款。诚然，这一改革有利于调动选手的积极性，目的就是惩罚那些不尽职尽责的球员，有效遏制了运动员以各种理由为借口的退赛的行为，有力地促成了赛事的公平性和公正性。

（5）处罚违禁现象

保证赛事的公平公正一直是四大满贯不变的追求，在高度商业化的职业网坛，选手们首先考虑的是投入与产出的问题，球员的共同目标是想方设法地提升自己的竞技水平。当然，除刻苦训练外，少数球员服用违禁药品来提升自己的体能。2016年，玛利亚·莎拉波娃因服用米屈肼这一违禁药物而受到竞赛惩罚，引起了广泛关注。2019年，澳网前夕，智利选手古拉斯·贾里和哥伦比亚的男双头号选手罗伯特·法拉因兴奋剂检测结果呈阳性，也受到ITF禁赛处罚。按照ITF惯例，兴奋剂检测结果呈阳性将会受到长达四年禁赛的惩罚，对于一位职业球员来说四年不能参加比赛意味着他们的职业生涯可能因此而终结。为防止运动员服用违禁药物，ITF采取了很多行之有效的做法，除赛前和赛后检测外，运动员每天都要向ATP或WTA所在的管理机构报告自己的行踪，ITF会随时随地安排人员对运动员进行抽样检测。然而，在巨额奖金的诱惑之下，运动员服用禁药这种现象时有发生。此外，球员或裁判员参与赌球，以及博彩公司对四大满贯等职业网球赛事的比分或结果下注，也扰乱了网球赛事的秩序。

三、颁奖仪式

四大满贯赛事为球迷带来了很多的经典回忆和快乐的体验，其中，仪式感扮演了重要角色。在一些重要的赛事中组织者会举办一些别开生面、声势浩大的现场活动，将娱乐界和时尚界流行的元素融入其中，比如音乐、舞蹈、魔术等，同时结合灯光、舞台布置效果，使得赛事的开闭幕式变成了一个全新的体育时尚舞台。赛事仪式是赛事文化的重要组成部分，大型体育赛事的开幕式和颁奖仪式都具有极其重要的地位。2016年，美网开幕式在具有开关屋顶的阿瑟·阿什球场举行。歌坛传奇费尔·柯林斯为观众演唱了他的成名作 *In the Air Tonight*，并与著名演员莱斯利·奥多姆表演了二重唱 *Easy Love*。在赛事期间，喷泉前、过道上、餐厅里、赛场旁等地方，观众经常看到各式各样的表演。世界著名的茱莉亚音乐学院学生在不同位置设置了表演区，每个舞台旁边都吸引了众多热情的观众，能在赛场看到他们的表演，观众也不虚此行了。闭幕式因颁奖环节而格外引人注目，其中，又以男、女单打冠军颁奖仪式最为耀眼。

（一）冠军奖杯

除温网女单冠军获得的是银盘子外，其他大满贯冠军获得的都是奖杯。有趣的是，大满贯组委会提前准备两个不同的奖杯，即真品和复制品。在颁奖仪式上，球员捧的奖杯都是真品，待到颁奖典礼结束后，球员会收到奖杯复制品并能够永久收藏。美网奖杯复制品是按1：1的比例复制的，而温网、法网、澳网冠军奖杯复制品都要比原版稍小一点。真品奖杯将被永久保留起来，等到下一年赛事再次使用，只是在奖杯的底座上又刻上新的冠军球员名字。美网虽更换过几次奖杯，但每次冠军球员收到的奖杯依然是复制品，因为刻满名字的真品奖杯将被珍藏起来，作为纪念品。

1.温网奖杯

与其他大满贯不同的是温网奖杯是来自不同机构捐赠的，最初的男子单打奖杯——"Field Cup"，由 Field 报纸在 1877 年为首届锦标赛捐赠的。男子双打银质"挑战杯"，则是来自牛津大学草地网球俱乐部（后转交给全英俱乐部），该奖杯由纯银制作，9 英寸高，直径 11 英寸。它有两个装饰性把手，正面还印有牛津大学草地网球俱乐部的会徽。女双和混双奖杯是英国网球协会于 1913 年捐赠的。公开赛之前，男子单打冠军会被授予总统杯，但从 1968 年开始，为了在彩色电视转播时更吸引观众，奖杯被换成了 AELTC 挑战者杯。女单冠军是玫瑰露水盘，其图案设计灵感源于希腊神话中的智慧女神。

2.法网奖杯

法网男单冠军奖杯——火枪手杯。1922—1932 年，亨利·科谢、勒内·拉科斯特、让·博罗特拉和雅克·布鲁格农这四位选手共赢得 20 个大满贯单打冠军和 23 个双打冠军，他们的表现标志着法国网球史上最辉煌的黄金时代，同时被誉为"四个火枪手"。为纪念这四位传奇人物，法国网球协会将法网男子单打冠军命名为火枪手杯。法网女单冠军奖杯——苏珊·朗格朗杯。苏珊·朗格朗是法国历史上最杰出的女子网球选手之一，曾获得多个大满贯冠军并获得 1920 年奥运会女单比赛冠军，为了纪念这位传奇人物，法国网球协会将法网女子单打冠军命名为苏珊·朗格朗杯，法网单打冠军奖杯的名称是为纪念具有突出贡献的本土球员。

3.澳网奖杯

澳网男单冠军奖杯——诺曼·布鲁克斯杯。被誉为"澳洲网球之父"的诺曼·布鲁克斯在运动员时代就取得不俗成绩，成为温网历史上第一个同时夺得单打和双打冠军的国外选手，五次代表澳洲获得戴维斯杯等。1926年，诺曼·布鲁克斯当选为澳洲首任草地网球协会主席，他积极推动网球运动的国际化和普及化，鼓励球员去国外参加比赛，为澳洲网球赢得国际上的地位贡献了力量。1977年，诺曼·布鲁克斯入选国际网球名人堂。为纪念诺曼·布鲁克斯对澳洲网球发展作出的突出贡献，澳大利亚网球协会将澳网男单冠军奖杯以他的名字命名，即诺曼·布鲁克斯杯。澳网女单冠军奖杯——达芙妮·阿赫斯特杯。澳大利亚人达芙妮·阿赫斯特曾五次夺得澳网女单冠军，同样，为纪念达芙妮·阿赫斯特对澳洲网球发展作出的突出贡献，澳大利亚网球协会将澳网女单冠军奖杯以她的名字命名，即达芙妮·阿赫斯特杯。

4.美网奖杯

与其他大满贯赛事不同的是，美网冠军奖杯没有名字。美网男单冠军奖杯与美网女单冠军奖杯的尺寸不同。每位美网单打冠军都能收到和奖杯一模一样的银质冠军奖杯的复制品，并刻有冠军的名字以纪念他们的成就，美网结束后刻有冠军名字的奖杯将被送回罗德岛纽波特国际网球名人堂收藏。

5.中网奖杯

中网单打冠军奖杯——中国之杯。这个名字既大气豪迈，又体现了国人的热情，奖杯的设计注重对中国传统文化的继承和发扬，其外观及元素的选择既展现了中国文化的独特性，又符合各国人民的共同审美。男单冠军奖杯设计的灵感源于故宫博物院馆藏国宝，故宫宫廷文物代表作金瓯永固杯；女单冠军奖杯设计的灵感源于中国国家博物馆馆藏国宝重器子龙鼎。

四大满贯奖杯不仅代表着网球运动中最高的荣誉，而且还有其特殊的历史与意义。可以说，四大满贯的每一座奖杯名称的背后都有一段故事，中网的"中国之杯"在选取和设计上则更注重我国文化的传承。

（二）颁奖流程

1.颁奖环节大同小异

四大满贯的单打决赛通常安排在周六（女子单打）、周日（男子单打）两天进行，历史上美网曾经将男、女单打安排在同一天（周六），被称为"超级星期六"。经过紧张而激烈的比赛，四大满贯赛事将决出最有分量的单打冠军，无论是球员还是所有参与人员伴随着整场比赛结束都感到意犹未尽，紧随其后的颁奖环节也同样备受瞩目和期待。四大满贯决赛中，运动员进入球场比赛之前，由男女小球童将冠、亚军奖杯捧入场，并放在赛场一角，等待那激动人心的时刻到来，媒体偶尔会通过转播画面来展示奖杯的神秘风采。比赛一结束，工作人员在最短时间内将球场装扮成颁奖现场。四大满贯颁奖仪式流程基本是"六步曲"：第一步是球童和司线裁判先入场，以特定的队形站在球场中央，球童和司线裁判站立在颁奖球员的身后，这既是为了营造庄重的现场气氛，也是对司线、球童为赛事所做的服务表达感谢之情；第二步是颁奖嘉宾、赛事主赞助商以及赛事监督入场；第三步是主持人简要介绍赛事颁奖相关环节；第四步是为表彰整个赛事期间主裁判的辛勤工作，颁奖嘉宾向决赛主裁判赠予纪念品（一般是一个盘子），执法决赛的主裁判作为全体裁判的代表接受颁奖；第五步是颁奖嘉宾先后给亚军和冠军颁奖，接着亚军和冠军分别发表感言，少数球员还会分享一些个人趣事，为现场增添趣味；第六步是颁奖嘉宾、司线裁判和球童退场，球员手捧奖杯面对各路媒体合影留念，留下那经典瞬间并续写新的纪录。整个颁奖过程中，现场观众肃然起立，见证这项赛事的高光时刻，表达对获奖球员的敬意。尽管，四大满贯颁奖仪式也有细微的不同之处，主要体现在颁奖嘉宾的选择和现场仪式背景等方面。与四大满贯赛事相比，中网颁奖仪式相对简单，颁奖流程与四大满贯赛事相似。颁奖之后赛事并未结束，还包括新闻发布会、冠军球员手捧奖杯拍写真等环节。写真通常安排在城市地标性建筑或著名景点进行，比如，墨尔本雅拉河畔，埃菲尔铁塔等。此外，写真过程中，球迷有机会与夺冠球员互动并获得签名。中网在这些方面的安排似乎不够充分，然而，这些细节正是中网需要向四大满贯学习的。

2.颁奖嘉宾的选择

（1）澳网倾向于赞助商或球员

四大满贯赛事在颁奖嘉宾选择上总是经过精心策划的，澳网通常邀请退役网球名宿来担任颁奖嘉宾，奖金一般由主赞助商颁发，以此表达对赞助商的感激之情。组委会在颁奖嘉宾的选择上颇具策略，澳网致力于突出赞助商的地位、强调亚洲元素并利用明星效应来提升赛事的影响力和商业价值，这进一步表明了澳网不放过任何一次提升赛事品牌价值和商业潜力的机会。

（2）美网倾向于网球协会主席或网球名宿

在四大满贯赛事的颁奖前奏中，不同的赛事有不同的展示方式，美网则以视频形式对冠军进行长时间的滚动展示，其他大满贯则以图片的形式展示。美网颁奖嘉宾一般由美国网球协会主席和网球名宿来共同担任。赛事总监首先为决赛主裁判颁发奖杯，其次美国网球协会主席为冠亚军颁发奖金支票，最后请网球名宿给冠亚军颁发奖杯。2019年罗德·拉沃尔担任给冠亚军颁发奖杯的重要角色，尽管罗德·拉沃尔已年迈，但他为网球这项运动作出的贡献有目共睹，尤其是在公开赛时代。

（3）法网倾向于有突出贡献的人

法网奖杯一般由退役球员来颁发，尤其是获得过法网冠军的球员，而2017年颁奖嘉宾则是个例外。在网球界，一些职业选手在启蒙阶段甚至成为职业球员的过程中，都得到了亲人的指导和帮助。比如，穆雷的教练是其母亲、莎拉波娃的教练是其父亲、大小威廉姆斯的教练是其父亲、拉菲尔·纳达尔的教练是其叔叔，等等。截至2020年，拉菲尔·纳达尔所获得17个大满贯冠军中有12次是在法网上获得的，如此骄人成绩不仅成就了纳达尔自己的职业生涯，也创造了法网历史。纳达尔自3岁练球至今，其叔叔托尼·纳达尔一直陪随并充当教练角色，这在职业球员中是罕见的，拉菲尔·纳达尔能取得如此的成绩与托尼·纳达尔是分不开的。托尼·纳达尔赋予了拉菲尔·纳达尔谦虚、朴实的品质，坚毅的个性，以及对对手和网球运动的尊重，正是这些优秀的品质塑造了拉菲尔·纳达尔这位网球巨星。2017年，法网颁奖仪式上，法国网球协会为表达对托尼·纳达尔所作的卓越贡献，特地安排托尼·纳达尔给拉斐尔·纳达尔颁奖，与此同时，法国网球协会特别为托尼·纳达尔颁发了奖杯，这一殊荣既体现了法网的人文关怀，也是大满贯赛事中的一次创举。

（4）温网由皇室人员担任

根据温网传统，温网奖杯是由皇室成员颁发。温网颁奖典礼历来备受瞩目，决赛当天，常常有皇室重要成员出席，如威廉王子和凯特王妃。1946—1948年，因为皇室成员担任颁奖嘉宾，奖杯不会在私人或者公共场所颁发，冠军和亚军球员会被邀请到皇室包厢内接受王室的祝福。1949年，全英俱乐部主席将颁奖典礼移至中心球场，温网单打冠军奖杯首次在中心球场颁发。1950—1953年，男子和女子单打冠军颁奖典礼没有一个确切的流程，皇室包厢或者是球场都可以作为颁奖现场。从1954年开始，男、女单打冠军都在球场接受颁奖，自此，球场成了温网颁奖的地点。1957年，伊丽莎白女王首次出席了女单决赛日，并为美国选手阿尔西亚·吉布森颁发冠军奖杯，1962年，伊丽莎白女王再次出现在决赛现场，并为选手颁奖。在肯特公爵担任俱乐部主席之前，伊丽莎白女王曾多次担任温网颁奖嘉宾，这进一步凸显了温网的地位。

（5）中网倾向于组委会官员

中网在颁奖嘉宾选择上更倾向于组委会官员。历届中网颁奖嘉宾多为国家体育总局、北京市体育局、中国网球协会以及组委会相关领导，这与四大满贯公开赛的颁奖仪式有所不同。

四、赛事组织设计

四大满贯组织结构大同小异，此处以澳网为例。澳大利亚网球协会的领导机构是一个由9人组成的董事会，负责指导和监督协会的日常运行。董事会设1名主席、1名副主席、6名主任、2名办公室管理员（1名首席执行官和1名公司秘书）。澳大利亚网球协会是澳网的运营与管理机构，协会由9名董事会成员，14名成员代表，145名全职员工和数千名临时员工组成。董事会下设执行团队、澳大利亚网球委员会和会员协会，执行团队下设首席执行官兼澳网总监、首席多元官、首席税务官、首席通信官、首席运营官、首席营销和洞察官、首席网球官、首席财务官和法律顾等。澳网的组织结构主要包括行政、财务、法律、市场营销、媒体、电子信息、商业广告、人力资源等8个部门，不同的职能部门之间分工协作，确保组织高效运转。

中网组织架构由中国网球公开赛体育推广有限公司和中网组委会执行机构组成。其中，中国网球公开赛体育推广有限公司组织结构主要包括党群工作部、综合事务管理中心、赛事运行中心、品牌营销中心、园区运营中心、资产管理部、信息技术部、财务部以及法律和风险管理部等9个部门。中网组委会执行机构则设有指挥中心、办公室、竞赛球员部、新闻宣传部、商务开发部、票务部、版权转播部、现场消费部、场地保障部、安保交通运输部、财务部以及法律事务部等12个部门，这些部门根据工作需要进一步细化设立了工作处，如人力资源处、竞赛处、数据信息处、消费管理处。

在执行方面，四大满贯与中网都是根据赛事需要，设立相应部门和具体办事处。中网与四大满贯都是公司化运营，但领导核心不同，四大满贯的领导核心是董事会，而中网的领导核心是秘书长办公会，也就意味着两者在公司化运营中是有区别的。究其原因，一方面，中外网球协会的性质不同；另一方面，中国网球公开赛推广有限公司属于国企。中国网球协会作为我国对外开展网球活动的唯一合法组织，在国际网球管理机构中也得到了认可，而中国网球协会尚未实体化，进一步说，它不具备公司化运营所需的人力和财力。中国网球协会实体化是新时代发展的必然要求，是建设网球强国和体育强国的必由之路。由于中国和西方国家在政治、经济、文化等方面存在差异，中国网球协会不能简单照搬西方模式，要结合中国的国情和体育特点，以赛事为抓手，以产业为驱动，创新发展中国网球协会的运行机制。我国体育竞赛表演业仍处于体育社会化、市场化的初步阶段，中国网球协会的实体化改革是一个渐进的过程。

五、风险管控

体育赛事难免会受到一些不可抗力的因素影响，如自然灾害和人文灾害。为此，如何防范赛事风险是组委会必须慎重考虑的。体育赛事风险不仅包括赛事本身风险，还涉及安全保卫、场地器材、医疗卫生和志愿者等方面的风险。在经营风险方面，中网按照北京市国资委对市属国有企业的管理机制，公司建立了完善的风险管控制度体系；在运营风险方面，中网赛事有专门的应急处置方案，针对赛事可能遇到的各类突发事件，制定相应的处置预案。总之，中网在赛事风险方面做了比较充分的准备，并成立了风险管理部门。同样，四大满贯赛事在风险方面考虑得非常周全，法网整理出了24项风险清单，这些风险包括运动员受伤、公共关系问题、法国网球联合会（FFT）的经济困难等。2019年，法网建立一个警报小组，由总干事领导，所有职能部门的代表组成，他们定期开会，共同努力减少风险。除一些常规举措外，四大满贯赛事还采取投保等方式，来提供额外的安全保障，2003年以来，温网就在投保项目中增加流行性疾病这一项，而且保险条款还逐年优化。正是这一项保险使得温网面对新冠疫情时，获得巨额赔偿而得以安全渡过难关。显然，中网组委会可以从温网赛事的风险防控做法中获得启示。

六、赛事营收

四大满贯收入主要来源于媒体转播权的销售、赞助商的支持、门票销售和赛事衍生品的销售等。这些收入中，占比第一的是媒体转播权销售（温网转播收入约占总收入的40%），接下来是赞助商收入，最后才是门票和赛事衍生品销售。

（一）门票销售

门票销售既是赛事的四大收入来源之一，也是一项赛事成熟度的重要标志。

1.门票销售策略

保证上座率是所有赛事首要考虑的，四大满贯推出多种门票销售策略。一是利用不同时段来调整门票价格。2018年，法网晚场票仅17欧元，除不能进入两个中心球场观赛外，其他球场可随意进入。美网也推出25美元的特价门票，观众持票可以进入网球中心区域的休闲区，通过大屏幕来观看比赛。此外，以下午五点为分界，温网票价大打折扣，2012年下午五点之后票价由20英镑降至14英镑；2000年下午五点之后票价由25英镑降至12英镑；1980年下午五点之后票价由5~8英镑降至1英镑。温网通过调控门票价格，最大限度地满足广大球迷的需求和利益，进而保证上座率。二是多元化销售。每逢周六，传统的"儿童节"活动中会有不少球星登场表演，每年活动能吸引2万名左右观众，成年人票价为20欧元，6岁以下儿童免票。除此之外，法网还为资格赛、青少年组、元老组以及轮椅组的比赛单独售票，票价在17至20欧元不等。多元化的门票销售，为法网增加了不少收入。三是门票回收再出售。为保证球场上座率，针对手里有票又由于某种原因不能观赛的或中途退场观众的球票，温网采用"门票回收再出售"制度。中网可以考虑引入类似的"门票重售"机制，并将所得收入用于慈善事业，虽然这样并不能直接带来更多收入，却能吸引更多观众，最大限度地提高赛场上座率。

2.门票销售方式

四大满贯赛事门票销售渠道大致相仿，主要包括官方网站、特约经销点、现场购票和票务代理商等途径。消费者可以购买某一场或多场比赛的套票。按照惯例，四大满贯在举办前三个月开始网上售票，球迷通过完成注册、确认信息和付费等步骤。特约经销点是组委会为方便不同地区球迷的需求，例如，澳网在香港设立亚太地区总经销，在上海与携程旅游公司合作推出澳网门票与旅游的捆绑式销售来满足中国球迷需求。四大满贯中温网门票销售途径独具特色，温网一直秉承着现场排队购票的传统，球迷们通宵达旦地排队购买入场券已成为习惯。此外，温网购票途径还有网上预订、俱乐部抽签和高价买二手票等，尽管温网门票销售途径较多，90%以上观众还是会通过排队的方式买票，这已成为温网一大亮点和特色。美网门票销售方式不同于其他大满贯赛事，美网门票价格更具市场适应性，很大程度上取决于对阵的球员。作为对赞助商的回报，美网在门票销售上也给予特别关照，在精彩场次时，赞助商可以与组委会联系，优先购买少量门票。这种市场行为体现了美网门票销售的特点。

3.影响票价因素

众所周知，球星是体育赛事中极具吸引力和稀缺的资源，也是球迷追随的焦点。当然，本土球员也是球迷追捧的对象。因而，四大满贯以及中网在比赛场次安排时，球星和本土球员都是重要的考量因素，旨在保证票房收入的最大化。中心球场是球星们的"专场"，当然，本土球员有时也会因为主场优势而被安排在这里比赛。因赛事过于密集，每年四大满贯赛事和中网在前几轮场地安排时都会面临一些挑战，澳网、中网也曾因此引发球员与球迷的不满，赛事总监会充分考虑到球员、赞助商和转播商等各方利益，合理安排好球场顺序、比赛日程等。四大满贯的门票价格受球星或本土球员的影响特别明显，尤其是美网，如遇到大小威廉姆斯、费德勒、德约科维奇、纳达尔等巨星的比赛时，球票价格波动的幅度很大。例如，2017年上海劳力士大师赛中，费德勒与纳达尔决赛可谓一票难求，A票价格由1580元涨至5000多元，包厢票价更是突破万元大关。当然，即便温网如此严格的管理也无法避免票价的波动，2013年，德约科维奇与穆雷对阵的温网决赛，一张普通票被炒到了1.2万英镑（折合人民币约12万元）的天价，这些现象表明球星对于赛事的吸引力和票房收入有着直接显著的影响。

（二）媒体转播

媒体转播不仅满足了非现场观众收看职业网球赛事的需求，更是连接体育赛事与全球观众共享信息的桥梁。人类进入信息化时代，媒体对赛事的重要性不言而喻。一方面，赛事通过媒体转播来扩大品牌影响力。另一方面，媒体转播权的销售也是赛事收入的重要来源之一，且转播收入占比最高。比如，2017年温网媒体转播权的销售收入约占总收入的40%、澳网转播权的销售收入约占总收入的34%。相比四大满贯，中网媒体转播权的销售收入偏低，约占总收入的18%。中网媒体转播权的销售收入较低的原因，既与赛事本身商业价值有关，也与中国现行的电视转播制度密切相关。首先，媒体转播费迅猛增长来源于电视机构为争取体育节目转播而展开的激烈竞价，尤其是有线或收费电视网络的兴起，进一步加剧了媒体转播权的竞争。其次，职业体育为适应媒体转播的需求，不断围绕着提高比赛的观赏性，对比赛的组织、赛制、规则、器材等不断进行调整。

1.电视转播加速大满贯赛事全球化

1966年，美国广播公司（ABC）的主管罗恩·阿勒奇回答了一个长久以来困扰许多体育迷的问题：电视的出现是否会摧毁体育行业？阿勒奇表示，电视绝无可能损害体育。他以网球为例，指出网球场恰好与电视屏幕完美契合，使得观众在电视机前也可以清晰地听到击球声。不到两年，电视就彻底改变了网球运动的走向，规则得到了修改，球星应运而生，球衣和球也增添了更丰富的元素，网球运动迅速风靡全球。温网1937年开始电视转播，1968年哥伦比亚广播公司（CBS）与英国广播公司（BBC）首次使用彩色信号对比赛进行了转播，这标志着公开赛时代的到来。20世纪60年代，彩色电视开始走进美国家庭，这为体育赛事全球化发展创造有利条件。1968年，首届美网男单冠军由阿瑟·阿什获得（非裔美国业余球员），震惊了整个网球界。美国公共电视网（PBS）首次尝试用彩色信号直播，产生巨大反响。随后哥伦比亚广播公司（CBS）也加入了美网转播，1972年，当罗德·拉沃尔与肯·罗斯维尔两大巨星决赛相遇时，全国广播公司（NBC）通过夜间新闻进行了实况播报，共有约2100万球迷通过电视直播观看了此场比赛，并创造了收视纪录。这些顶级电视转播商的加入，使得网球运动在世界范围内知名度和影响力大大提升。1972年（温网直到1986年），为迎合电视转播的需要，国际网球联合会将原本白色和黑色两种网球颜色统一为黄色。1973年，美国休斯敦室内体育馆聚集了约3万人，目睹了网球史上著名的比利·简·金与鲍比·里格斯"性别大战"，约5000万球迷通过ABC收看了此场比赛。电视转播不仅扩大了赛事商业价值，更重要的是扩大了目标受众。1979年，因时差缘故，NBC为直播温网，推出了《温网早餐》节目，并巧妙地安排广告时间，很好地解决了比赛时间与广告的冲突问题。与此同时，娱乐与体育节目电视网（ESPN）的诞生为网球赛事直播提供了便利，也拉近了体育与娱乐的距离。进入21世纪，电视产业进入更加细分化市场，2003年，网球频道出现弥补缺乏单一体育项目频道的空白，2006年，网球频道与法网合作。即便是在媒体高度发达的今天，通过电视收看网球赛事依旧是绝大多数网球迷的传统。媒体与网球赛事的结合，实现了互利共赢。媒体转播在挖掘和传播体育赛事价值方面发挥了重要作用，赛事通过出售转播权而获得巨额利润，同时扩大了赛事和运动员的影响力。

2.转播权

四大网球公开赛收入中媒体转播权的销售的收入占比最高。转播权销售的收入之所以占比最高的重要原因之一就是四大满贯赛事拥有独立的电视转播转让权。四大满贯赛事都有自己专属的转播公司，并严格掌握转播权，不再与其他公司合作。转播公司能够依据市场需求来定制转播内容，澳网成立了自己的东道主转播公司，而且对26个球场内所有比赛全部直播覆盖，这样就能满足全世界每一个国家和地区观众们的需求。此外，澳网在国外设立转播权销售团队，与当地的电视台建立联系，根据观众需要来安排转播比赛场次和时间，事实证明这种模式非常成功。

在电视台或媒体合作伙伴方面，由于中网的境外转播权由WTA和ATP组织负责，且国内进行体育赛事直播的权限只有央视体育频道，故而中国网球公开赛体育推广有限公司只能将免费版权交给央视。展望未来，如果放开转播政策以及允许转播版权的转让，这将给赛事带来更多收入，并有助于将中网推向更大舞台，吸引更多关注。作为国内权威且具影响力的中央电视台体育频道（CCTV-5），其对中网直播场次也非常有限，甚至都不及对台球的报道时间长。乐视体育首席营销官强炜指出，体育的电视传媒业某种程度上制约着中国体育的发展，虽然业界希望乐视体育在某种程度上承担起推动行业发展的责任，但是互联网的商业运营机制还没有成熟到可以去与央视形成有效的竞争。

而四大满贯赛事的组织者将赛事的转播权出售给电视台或媒体合作伙伴，使其获得境内外直播或转播权。

3.电视转播媒体

四大网球公开赛与世界顶级媒体的强强联手，达到互利共赢的目的。ESPN具有最先进和最专业的转播制作技术，专注于体育赛事转播，是四大满贯常年的合作伙伴。娱乐ESPN作为全球最大的体育电视网，除法网外，与其他大满贯赛事都有深度合作。ESPN卫星网覆盖160多个国家、使用21种语言、全球收视观众超过2.1亿人。此外，美网与NBC、CBS等国内顶级媒体也有合作。温网转播收入占比最高得益于与顶级媒体长期合作，如BBC、ESPN以及全球其他媒体。其中，BBC与温网合作已90余年，新的合同到2024年；澳大利亚网球协会与Seven Network签署了延长5年的转播协议，合同覆盖2015—2019年的免费电视、数字电视和移动端；美网与ESPN也有着非常好的合作，并签订一项从2015年起，为期11年的ESPN独家转播协议。四大满贯联手顶级媒体，不仅给赛事带来丰厚的收入，还有效地扩大赛事影响力。

目前，CCTV-5、新浪体育、北京电视台体育频道均是中网赛事的长期转播商，爱奇艺于2013年加入这一阵营。2015年，爱奇艺与中国网球公开赛达成2016—2018年网球赛事的网络独家视频网站合作伙伴关系，爱奇艺的加入丰富了中网赛事的转播手段，将网络直播技术加入赛事之中，满足不同人群的观赛需求。遗憾的是，在对澳网进行转播的ESPN，以及广东电视台、上海电视台等并没有转播中网赛事。

电视转播一直是中网赛事媒体的最重要渠道之一。据统计，2019年CCTV-5、CCTV-5+、CCTV高尔夫·网球、BTV冬奥纪实频道等，播放中网赛事宣传片千余次，对赛事信息、参赛球员、赞助商等进行了充分报道。中网期间，CCTV-1、CCTV-4、CCTV-5、CCTV-13等央视对赛事进行全面报道；与此同时，中国国际电视台英语频道和西班牙频道也对赛事进行综合报道，BTV冬奥纪实频道对赛事进程、球员阵容、中网项目等进行了全方位报道。此外，包括北京卫视、广东卫视、天津卫视、海南卫视、山东卫视等全国卫视持续关注中网赛事。

由此可见，中网除境外电视转播商，越来越多国内电视台也开始参与进来。中网发展无疑需要大量媒体报道，但遗憾的是，中网在国内转播时间并不长，尤其是最权威的中央电视台体育频道（CCTV-5），2019年直播中网时间约为25小时，录播时间约为1.5小时，即便是CCTV高尔夫·网球频道直播时间也仅为59小时。在中网国际转播方面，全球转播商排名第一的捷克，转播WTA赛事总时长达190小时；转播ATP赛事总时长达94小时；转播赛事总时长达284小时。而造成这种转播时长差距的重要原因有两点，一是网球在中国属于小众项目缺乏市场；二是我国现行的转播体制存在一定程度的垄断。

（三）赞助市场

体育赛事作为一种竞技活动，具有强烈的凝聚力、高关注度、持久性等特点。体育赞助实质上是一种软广告，由于广告并不单独出现，因而商业性及功利性不像硬广告那么明显，但传播的效果快速且高效，使众多品牌争相参与赞助行列。体育赞助的效果自然易于被接受，根据全球赞助商咨询公司IEG数据，2014年全球赞助支出预计超过550亿美元，创历史新高。赛事赞助，既是经营体育比赛的市场支柱，也是影响体育赛事举办成败的重要因素之一，更是赞助商通过电视直播获得品牌曝光率的重要渠道。对于中网而言，在其职业化市场培育的过程中，赞助商提供的资金成为赛事组织者收入的最主要来源。四大网球公开赛作为全球顶级网球赛事在其发展历程中形成了鲜明的赞助市场，而中网作为新兴国际化网球品牌赛事也在积极探索和优化自身的赞助市场。

1.赞助商

（1）赞助商结构

中网赞助商按等级分为首席赞助商、钻石赞助商、白金赞助商、独家合作伙伴、供应商。其中，首席赞助商1家，钻石赞助商2家，白金赞助商8家。澳网赞助商按等级分为主要赞助商、副赞助商、官方合作伙伴、赞助商、电视台、媒体合作伙伴、供应商。其中主要赞助商1家，副赞助商3家，官方合作伙伴6家，赞助商7家。法网赞助商按等级分为主要赞助商、高级赞助商和官方供应商。其中主要赞助商1家、高级赞助商6家、官方供应商若干。温网坚持"不公开商业化"原则，赞助商统称为官方合作伙伴，2018年涉及品牌赞助商多达15家，其中不乏世界品牌企业。美网赞助商按等级分为官方赞助商、官方供应商和媒体合作伙伴，其中官方赞助商4家，官方供应商16家，媒体合作伙伴2家。相比之下，中网赞助商与四大满贯赞助商的结构较为接近，尤其是与澳网赞助商等级分类方式相似，仅在电视台或媒体合作伙伴、酒店赞助商等方面有所差异。在酒店赞助商方面，四大满贯赛事将运动员、媒体人员、赛事工作人员等安排到多家赞助酒店下榻，以此作为对赞助酒店的补偿；而中网运动员、媒体人员及赛事工作人员的住宿安排，与赞助商（酒店）没有多大联系。可见，中网在电视台或媒体合作伙伴、酒店赞助商等方面，与四大满贯赛事赞助市场精细化运作存在本质差异，尤其中网还没有一家电视台合作伙伴，这种差异正是中网需要认真审视和寻求改进地方。

（2）赞助商行业

澳网赞助商的行业有汽车、手表、金融、葡萄酒、电信、保险、理财、服装、信息技术、护肤品、啤酒、轮胎、饮料、航空运输、网球用品等。法网赞助商的行业有汽车、手表、银行、服装、咖啡、啤酒、金融、电信通信、矿泉水、网球用品、航空运输、酒店、银联卡、红酒等；温网赞助商的行业有汽车、手表、银行、信息技术、服装、咖啡、啤酒、冰淇淋、金融、矿泉水、网球用品、香槟、红酒等；美网赞助商的行业有汽车、手表、银行、服装、咖啡、啤酒、金融、电信通信、矿泉水、网球用品、航空运输、酒店、珠宝、红酒等；中网赞助商的行业有汽车、保险、手表、银行、服装、白酒、啤酒、金融、基金、饮料、药品、航空运输、网球用品等。中网赞助商多为合资企业、国有企业以及私营企业等，缺乏国际知名品牌企业或外商独资企业等，少数赞助商品牌形象和影响力与中网赛事不相匹配，为扶植国内网球市场，中网更倾向于本土优秀品牌赞助商。从2018年中网赞助行业看，与信息技术、化妆品、电器、国际快递、通信等领域仍然有较大的合作空间。

（3）赞助商实力

在所有进行赞助的企业中，67%的企业倾向于体育赞助，体育赞助已成为赞助企业树立品牌的有效方式和手段。2002年，德国某体育赞助商会，对"进入国际市场赞助哪类体育项目最合适"的问题作了一项市场调查，524个赞助商的调查结果显示网球位居第三。通过赛事赞助，品牌企业与四大满贯品牌赛事的强强联手，达到互利共赢的局面。四大满贯赞助商多为跨国公司或知名企业，如起亚、澳新银行、阿迪达斯、史莱辛格、劳力士、国际商业机器公司、浪琴等。2018年，美网赞助商减少了3家，可赞助商收入却增加了500万美元。

相比四大满贯，中网赞助商的特点是"多而不强"。中网赞助商中除劳力士、亚瑟士、考维酒庄外，纯粹的外资企业赞助极少，这既反映出中网在国际品牌赞助商方面缺少吸引力或在寻求赞助商方面缺少有效手段，也说明中网在未来与更多国际品牌赞助商合作有着较大的发展空间。

（4）赞助商排他性

根据ATP、WTA赞助规则要求，中网赞助权与奥运会赞助商类似，具有排他性。澳网在赞助商的选择上严格执行排他性原则，即每一种行业只选一家赞助商，从而维护赞助商权益。中网在赞助商的选择上并未坚决贯彻排他性原则，例如，在白金赞助商中的葆苾康、佛慈制药都属于补益药品行业，供应商中海德、威尔胜都是网球用品领域的领军企业。2008年北京奥运会上出现燕京、青岛和百威三家啤酒赞助商，亦不符合国际奥运会赞助商排他性原则。从表面上看，中网或北京奥运会无视国际赞助规则的"排他性"原则，但从理性的角度来看，这说明无论是奥运会还是中网，在融入国际社会的过程中始终面临着如何处理好中国文化的包容性与西方文化的排他性之间的差异，这也说明中国竞技体育产业化发展中赞助市场没有明确的规则体系，尽管已影响到了与国际社会的有效对接，但对像中网这类发展阶段中的体育产业来说，在赞助商的筛选中放弃排他性原则而采用包容性策略，反而更符合中国国情及赛事商业化发展的需要。

2.赞助市场差距分析

（1）中网赛事品牌影响力尚显不足

总奖金和积分是赛事影响力最直接反映。近5年来，四大满贯的总奖金以两位数的百分比上涨。2013年，澳网总奖金为3000万澳元，到了2017年，总奖金高达5000万澳元，澳网总奖金一路攀升。2013年，法网总奖金为2100万欧元，到了2017年，总奖金高达3600万欧元。2013年，温网总奖金为2225万英镑，到了2017年，总奖金高达3160万英镑。2013年，美网总奖金为2550万美元，到了2017年，总奖金高达5040万美元。2013年，中网总奖金为703万美元，到了2017年，总奖金高达941万美元。由于中网总奖金的基数较小，实际上总奖金差不多仅仅是每年四大满贯的增幅值。除此之外，四大满贯男、女单打冠军拥有世界网球巡回赛最高积分——2000分。中网女子赛事（WTA皇冠明珠级）级别仅次于四大满贯，女单冠军积分为1000分，男子为ATP二级赛事，男单冠军积分为500分，国际影响力自然有限，高额奖金和积分，反映出四大满贯在国际网坛中的重要地位。

（2）赛事文化差异性显著

众所周知，四大网球公开赛不仅历史悠久且有着深厚的文化底蕴，如"年轻的澳网""时尚的法网""热闹的美网""传统的温网"等赛事文化标签。中网宣传口号从"金色中网，穿越辉煌""星耀中网，为你绽放"到如今"我的主场，我做主"，这些口号都包含着明星效应、时尚的元素，对于年轻白领阶层具有较大吸引力，这种赛事文化反映出中国文化中崇尚精英的一面。赛事文化不同于国家文化，如果中网想长期发展下去，就必须使赛事文化更加贴近大众文化，不断扩大其在社会精英与大众消费群体中的影响力，这将有助于满足中年观众群体的情感需求与消费取向，以及与赞助商的高端、时尚的品牌形象相匹配。2004年，澳网正式推出"亚太的大满贯"的战略口号，事实证明，这一战略非常成功。如今，澳网亚太元素非常突出，不仅有来自亚洲的赞助商，而且还吸引来自亚洲的优秀球员和球迷群体。这既反映出澳网秉承澳洲海洋文化的特征，也体现着西方竞技体育文化在东方的长期渗透和其强势地位。澳网是四大满贯中收视率最高的，据统计，澳网电视观众约有60%来自亚洲，这与澳网赛事文化以及西方竞技文化向东方国家全方位灌输的强势力量有着一定的联系，在一定程度上展示了西方竞技体育文化的优秀品质，或许这正是中网与澳网在赛事文化上的差异所在。对于许多澳大利亚人来说，参加体育运动或观看体育比赛是赋予人生最基本意义的活动之一。

（3）上海劳力士大师赛对中网资源争夺加剧

如前所述，上海劳力士大师赛为 ATP 1000，中网男子赛事为 ATP 500，因此，在奖金和积分方面，上海劳力士大师赛要明显优于中网。两项赛事举办时间十分接近，2018 年，一些网球界具有影响力的球员参加中网的同时参加上海劳力士大师赛，这无疑削弱了中网赛事影响力，进而降低了中网上座率。为中国球迷所熟知的费德勒和德约科维奇并没有出现在中网赛场，而费德勒几乎每年都参加上海劳力士大师赛，却从未出席中网。究其原因，费德勒为上海劳力士大师赛部分官方赞助商的代言人，通过参加比赛获得一定的代言费。当然，除赛事本身的吸引力外，上海这座城市也对费德勒也有不小的吸引力。

在赞助商方面，连续 5 年为中网钻石赞助商的劳力士退出了钻石赞助商级别，相反，劳力士却成了上海网球大师赛冠名赞助商。其实，上海劳力士大师赛的优势主要有两个方面：其提供的奖金和积分引起国际网球大师的极大兴趣；上海作为享有"东方明珠"美誉的城市，吸引了世界级网球大师纷至沓来，也正是如此"大师效应"，令上海劳力士大师赛比中网拥有更高的上座率和更多的品牌赞助商。

3.中网赞助市场优化策略

（1）提升赛事影响力，打造专业化运作团队

中网赞助商收入现状，正如中网总监张军慧所言，具有"基数很大，增幅不高"的特点，2018 年，中网各级各类赞助商多达 46 家，而国际品牌赞助商较少。与四大满贯相比，中网运作团队人员较多，缺乏在国际网球界具有影响力的运营总监。利用媒体对赛事进行包装，将有助于赛事品牌的打造。体育明星一直是大众和媒体关注的焦点，如对网球新星大力宣传，这既是中网寻找赞助商的理想渠道之一，也是中网迈向国际社会最好的推介方式之一。也就是说，在宣传中网时，一方面，应以赛事中的球星为切入点，以具有国际影响力的大都市北京为主题，将赛事与城市融合，

更加突出中网和大都市的联系，让中网成为中国大都市的标志和景点。这有助于提高从加拿大蒙特利尔或意大利罗马购买ATP 1000赛事举办权的可能性，进一步提升中网男子赛事的级别，进而扩大中网国际影响力，为打造网球"第五大满贯"奠定坚实基础。与此同时，中网应当学习上海劳力士大师赛的成功经验，努力打造一支人员配备合理、专业知识扎实、业务技能熟练、组织管理高效的赛事营销团队、法务团队和推广团队。中网还可以招聘具有国际网球市场背景的知名外籍人士担任赛事运营总监，提高赛事管理和商务运作的国际化和专业化程度。据中网官方网站报道，ATP副总裁拉尔斯·格拉夫受邀担任中网赛事总监，其目的就是想借此进一步提升中网国际影响力。在国外，已经形成了体育赞助管理的中介组织，他们给那些想从事体育赛事营销的企业提供有效的信息，比如，比赛时间、赛事地点、参赛人员、观看人群等，并帮助企业选择有效的体育赞助活动，以达到提升品牌影响力的作用。

（2）提升中网赛事媒体价值

体育赛事需要媒体的大量报道来唤起人们的关注和热情，而媒体则通过报道大量的品牌赛事来获取更多的利润。电视的普及打破了体育赛事的时空限制，使得赛事能够触及更广泛的观众群体。决定赞助商规模的一个重要因素是其作为宣传媒介在受众中创造出的媒体价值。媒体通过购买转播权从而赚取一定的转播费，而赛事方通过出售转播权获得高额回报。这种互惠互利的运作机制，使得重要的体育赛事以非凡的品牌身份，通过媒体进入了赞助商与消费者的视野，并成为现代赞助市场重点开发的对象之一。那么，在这个过程中，质量高、观赏性强的赛事转播会吸引大量的媒体，从而为媒体（如电视台）吸引大量的赞助商。21世纪，人类进入了信息化时代，中网在提高赛事影响力，尤其是在进入国际社会视野过程中，应充分利用电视、广播、报纸等传统的媒体传播渠道，也要与时俱进地充分挖掘网络媒体、5G流媒体、移动媒体等数字化新媒体的潜力，进行多渠道、全方位的赛事推广。通过这种方式，中网可以培养出更为庞大的受众群体，真正提高中网赛事的媒体价值，为中网赞助市场可持续性发展提供必备的资源条件。

（3）完善中网赛事赞助市场

2017年，中网被评为国内最具赞助价值体育赛事之一，位列第4，前三名分别为中国足球超级联赛、中国职业篮球联赛和北京国际马拉松赛。其中，上海劳力士大师赛位列第11。赞助体育赛事是一种资源重新配置的深层合作，主要是品牌的推广。中国体育市场蕴藏着巨大的潜力，这主要得益于中国民众对体育的热情和政府的全力支持。尽管如此，中国体育经济市场还不完善，尤其表现在一些赛事没有很好地保障赞助商权益，在中国，许多赞助商为大大小小的体育赛事赞助资金，但并没有从中得到应有的回报，这在中网赛事赞助中也时有发生，这并不是因为合同执行中的问题，而是由于中网赛事起步较晚，在赞助市场开发中客观上存在某种阻力，导致赞助商利益受损。可见，完善中网赞助市场，使其尽早走向成熟显得尤为迫切。那么，作为中网职能部门，首先，应从细节入手，即在合同约定中关注细节，如赞助商广告牌的安置、停车位的排序等，确保赞助商的权益最大化；其次，为赞助商提供优质的服务，如为赞助商提供广告宣传、促销机会、现场销售机会和公关接待服务，以及为赞助商提供赛事的介绍和赛后的效果评估等；最后，帮助赞助商更好地利用赛事提供的营销机会，协助赞助商来量化赞助效果。此外，在完善中网赞助市场的过程中，除完善制度外，还要寻找新的赞助商，更为重要的是要与现有赞助商延续赞助时间，避免一次性交易。这就要求中网在市场开发过程中注重为赞助商提供良好的服务，视赞助商为宝贵资源。当前，中网应当学习四大满贯的做法，立足国内、放眼全球，拓展国内一些与网球赛事契合度高的企业，如咖啡、啤酒、电信、饮料、地产、酒店等领域，尤其是针对域外观众的旅游习惯。

与四大满贯赞助市场相比，中网存在赛事运作团队的专业化和国际化程度不高、赛事品牌影响力和文化底蕴尚显不足、国际品牌赞助商较少、赞助商的排他性不明显、赞助市场不成熟等问题。对比四大满贯的赛事收入分析，中网的赛事收入主要依靠赞助商，这是中国国情和中网发展阶段的必然选择。国际网球赞助商们慷慨解囊的背后是基于网球这项运动的魅力和其吸引的消费群体的理性思考。

（四）赛事衍生品

通俗地说，赛事衍生品是指现场或网上销售的各式各样与赛事相关的特许商品。赛事衍生品最大特点就是带有赛事标识和具有网球元素，与一般同类商品相比，具有品种多样化、价格偏高、收藏价值高等特点。其实，赛场内各种各样的美食和饮料也属于赛事衍生品范畴。

1.四大网球公开赛衍生品

赛事衍生品是四大网球公开赛四大收入之一。2017年，温网赛事衍生品收入占总收入10%左右，澳网赛事衍生品收入占总收入11%左右。潮流棒球服、拼色薄款风衣、皮绒手套、羊毛围巾、棒球帽、连衣裙、网球裙、运动夹克、羊毛高领针织衫、运动毛巾、笔记本等，是赛事衍生品中最主要品种。澳网赛事衍生品从日常用品到网球背包、球员用的毛巾等百余种，周边商品销售占到澳网总利润的1%。2016年，澳网官方毛巾的销售增长了7%，共售出约2.5万件，再次证明毛巾具有最受欢迎单品的魅力。

2.中网赛事衍生品

2016年，中网赛事衍生品销售收入占总收入的3%左右。比较发现，中网赛事衍生品收入结构欠合理，营收偏低。究其原因，一是现场球迷多少决定了赛事衍生品的销售份额。2019年，法网与温网的现场球迷为

50万人次左右，美网达73万人次，澳网高达78万人次，而中网仅18.7万人次，这种球迷数量的差距直接导致赛事衍生品销售收入差距。据《2005年：中国文化产业发展报告》结果，中国绝大多数球迷选择通过电视收看体育节目，但是选择去现场观看比赛的球迷数量少得可怜。此外，温网现场每年差不多有10万名国外观众，一般而言，来温网现场观赛的国外球迷购买力要强于国内观众。二是赛事衍生品价格偏高。2016年，中网球员毛巾约220元一条，普通钥匙环每只也卖到25元，而美网圆领T恤售价仅26美元，折合人民币约180元。以学生为主体的中网球迷，高价位赛事衍生品势必让很多球迷望而却步。三是赛事衍生品的创意和特色不足。特许商品收入方面，尽管近年来中网的客流量趋于稳定，但特许商品带来的收入仍然处于稳步提升的阶段，不容忽视的是，中网特许商品收入与四大满贯特许商品收入仍然存在很大差距。

3. 中网衍生品改进方向

（1）融入创新理念

中网在赛事衍生品方面一直尝试改进，中网赛事衍生品应适时引入国际设计与管理理念。中网作为国内率先引入"设计指南理念"的体育品牌，与杭州世博赛创意设计有限公司携手，共同完成了《中国网球公开赛衍生品设计指南》基础篇的设计，全方位与国际体育衍生品开发接轨。2016年，以"我的主场"（My Court）为设计主题，贯穿全部中网衍生品，整个设计风格通过现代图形的表达、地标建筑的转化以及中国传统水彩的技法，将"My Court"表现得淋漓尽致。由中网团队和葡萄牙某品牌共同开发设计的中网球员毛巾，作为经典明星产品，以其高格调和高品质，引领了2016年推出的100多种全新单品。

（2）多元化开发

奶油加草莓是温网球迷的最爱之一。温网期间，草莓的销售量约为28吨，奶油的销售量约为7000升，而这些草莓是优质的，且有固定的来源地。2013年，中网赛事期间，推出了"红果酪"这一北京特色小吃，就收到很好的效果。中网举办正值我国北方瓜果飘香之际，比如，宁夏的西瓜，新疆的葡萄、哈密瓜等，都可以作为中网美食出售给广大球迷。这不仅为现场网球迷提供了美食，也为果农打开了新的销售渠道。中网期间，组委会可以与果农供应商签订协议来保证现场一定数量、种类的水果供应，当然，最重要的是保证水果质量与安全。

（五）四大网球公开赛经营策略

在经营与管理方面，四大网球公开赛坚持"差异化"经营策略。全英俱乐部每年把"任何细节都放在显微镜下查看"作为工作原则并取得一定成效。从2011年开始全英俱乐部不再只是一家单纯的体育俱乐部，而是一家每年营业额超过1亿英镑的有限公司，除整体品牌之外，全英俱乐部的场地管理机构、博物馆、基金会，甚至停车场，其实都是单独运营的注册公司，这种极度细化又能统筹兼顾的经营与管理模式，就是全英俱乐部能保持顶尖水准的关键所在。当然，作为非营利性机构，全英俱乐部把每年举办温网赚取的绝大部分利润交给英国网球协会。职业网球赛事是美国网球协会的重头戏，比如，美国网球公开赛、辛辛那提网球公开赛等，这些赛事也是美国网球协会经济收入的重要来源。当然，在美国国内，除美国网球协会主办的赛事外，还有很多俱乐部举办的赛事。在美国网球协会的主导下，各级各类的联赛为美国的网球发展提供了强有力的支撑。美国网球协会为宣传和推广美网前的热身赛，为期6周内，将11项ATP和WTA赛事统一包装成美网系列赛。其目的就是吸引大牌球星参与这些低级别赛事，进而增加赛事影响力和收入。美网系列赛通过特殊的计分方法，最后对所有选手进行排名，而这些选手如果能在美网进入前三，还将获得额外的奖励。例如美网系列赛中第一名在美网获得冠军后有100万美元的额外奖励、美网系列赛中第二名在美网获得冠军后有50万美元的额外奖励、美网系列赛中第三名在美网获得冠军后有25万美元的额外奖励。2005年，比利时名将吉姆·克里斯特尔斯获得了220万美元的美网冠军奖金；2007年，瑞士名将罗杰·费德勒获得了240万美元的美网冠军奖金。美网系列赛这些创新做法，既吸引了大牌球星的参与，也增加了系列赛的商业价值，达到互利共赢的目的。四大满贯赛事中，美网商业化运作最为成功，一方面，得益于美国高度商业化的社会环境；另一方面，以美网为代表的职业网球赛事是美国网球协会收入唯一来源。相比之下，澳大利亚网球协会得到了政府的财政支持，英国网球协会得到了全英俱乐部的财政支持。

（六）中网经营存在的问题

1.赛事运营成本居高不下

一项赛事除了自身盈利外，还能对所在地城市产生显著的辐射效应，如促进城市建设、提升城市知名度、提高城市居民生活质量等，短时间内还会带来就业岗位，促进旅游业、服务业等业态发展。中网作为亚洲顶级品牌赛事，其场馆设施达到世界一流水平，但场馆费用问题却一直是中网发展的一大瓶颈。中网自创办以来，在场馆使用方面采用的是赛时短期租用模式。这种赛事运营与场馆运营分离的现状，造成了合作各方因经营目标不同而难以形成利益共同体。这种情况不仅严重影响了赛事成本控制，造成赛事运营成本虚高，同时，也严重制约了场馆设施的完善及运营效益的最大化。中网在场地租赁及制作费、赛事推广费及赛事税金等运营成本方面远远超过上海劳力士大师赛。

2.可持续发展能力不强

（1）运作团队专业化、国际化程度不高

2015年上海劳力士大师赛举行期间，澳网与上海劳力士大师赛结成了战略合作伙伴，罗德·拉沃尔先生现身上海，见证两大赛事的联合。对于上海劳力士大师赛而言，与澳网联合无疑具有重大意义。一方面，上海劳力士大师赛吸取澳网成熟的办赛经验、服务理念等，进一步提升上海劳力士大师赛的推广和服务水平；另一方面，通过在澳网现场搭建中国元素展位，成功吸引了7500多名澳洲球迷乃至全世界球迷的关注，进而扩大了赛事的国际影响力。资深球迷张剑认为，上海劳力士大师赛在志愿者服务、赛事硬件设施以及餐饮等方面都要优于中网赛事。中网的运作团队的人数近上海劳力士大师赛的两倍，这也是中网运营成本较高的原因之一。与上海网球大师赛相比，中网的运作团队人员过多，缺乏在国际网球界具有影响力的运营总监。上海劳力士大师赛一贯注重团队建设，一开始就高价聘请了两位国际相关行业专家参与运营，运营团队人员结构合理、分工明确，有对应的职能部门，如营销团队、法务团队、推广团队等。上海劳力士大师赛在建立可持续发展的运营模式方面的经验包括：一是加强与ATP互动合作关系。网球运动是职业化、商业化和市场化程度非常高的项目。在ATP的管理之下，ATP、职业球员以及各项赛事之间形成了一种互利共赢的命运共同体。ATP与各项赛事之间也建立一种比较友善、收入成本共享的体系。截至2019年，上海劳力士大师赛共举办10年，5次获得ATP年度最佳赛事，其品牌影响力不言而喻。二是依托政府支持，建立起成熟的保障体系。任何大型体育赛事的举办都需要得到政府的支持。大型体育赛事必然涉及人流量的聚集，在此过程中，如何确保全过程的安全，维护赛事周边的交通秩序，保障赛事必需品的流通，处理球员的签证问题，包括食品安全等关键环节，都要得到政府的帮助与督导，这就需要一个畅通的信息渠道和绿色通道。

赛事运营和保障工作越来越精细化，组织方与政府共同探索出一条符合实际需求、高效便捷的合作模式，即实际层面的一种组委会模式和区级属地化保障模式相结合，实现了分工明确、各司其职、高效率的运作。三是要注重网球市场培育。赛事成功与否很大程度上取决于从事和关注此项赛事的人群规模。因此需要注重平常的宣传和引导，随着我国经济快速发展，民众的收入水平不断提高，消费者理念和消费意愿也发生了很大变化。另外一部分赛事消费者不是网球运动的爱好者，而是网球赛事的"发烧友"，他们关注赛事或是为了某个球星，或是朋友的推荐，或是被网球运动时尚魅力和现场的氛围所吸引。此外，打造一支赛事专业化的运营团队至关重要。

（2）缺乏国际品牌赞助商

中网赞助商绝大多数为国内品牌，国际品牌赞助商相对较少。相反，上海劳力士大师赛国际品牌赞助商较多。2020年8月，北京中国网球公开赛体育推广有限公司对外发布，未来5年，ATP副总裁拉尔斯·格拉夫将出任中网联合赛事总监。

（3）赛事营收结构不合理，品牌影响力尚显不足

相比温网、澳网以及上海劳力士大师赛，中网赛事收入过度依赖赞助商，门票和特许商品销售收入所占比重较小（见表3-11），这是制约赛事可持续发展的重要因素之一。2016年，中网门票及赛事衍生品销售收入占比16%、赞助商收入占比66%、电视转播收入占比18%；温网门票及赛事衍生品销售收入占比25%、赞助商收入占比35%、电视转播收入占比40%；澳网门票及赛事衍生品销售收入占比39%、赞助商收入占比27%、电视转播收入占比34%；上海劳力士大师赛门票及赛事衍生品销售收入占比20%、赞助商收入占比50%、电视转播收入占比30%。上海劳力士大师赛现场球迷中约20%来自外地，这无形中拉动了上海市尤其是闵行区的经济发展，带动了交通、餐饮、住宿、旅游、广告、物流等行

业的发展。与具有百年历史的四大满贯相比，年轻的中网在赛事品牌影响力、网球文化、网球市场及球迷基础等方面还有待进一步发展。判断一项赛事的商业价值大小，很重要的一个方面就是要有票房保证，较高级别的男子赛事往往具有更高的票房吸引力。上海劳力士大师赛最初以赠票的形式吸引观众到如今一票难求，每年现场观众约12万～13万人次，尤其是后三天的赛事门票提前一个月售罄。由于票价定得较低，票房收入自然不高，但电视转播每年超过5000小时，覆盖170个国家，赛事品牌国际影响力不断扩大，上海劳力士大师赛的冠名赞助商和钻石赞助商均是国际知名企业。

表3-11　2016年中网、温网、澳网与上海劳力士大师赛收入结构对比

渠道	中网	温网	澳网	上海劳力士 大师赛
媒体转播	18%	40%	34%	30%
赞助商	66%	35%	27%	50%
门票及赛事衍生品销售	16%	25%	39%	20%

七、目标受众

体育赛事作为一种娱乐产品，目标受众是其消费的对象。现场观众不仅是赛事门票销售收入的重要组成部分，还是赞助商关注的焦点和购买赛事衍生品的主力军。现场观众是促使体育赛事商业化发展的前提条件，因此，现场观众多少不仅是赛事影响力的重要标志，也是一项赛事未来发展必须要掌握的重要信息。其实，体育赛事的球迷市场错综复杂，包括足球、篮球、排球、棒球、网球、高尔夫球等，按照营销学中"分众行销"对球迷市场分析尤为必要，其目的就是要了解网球受众消费者

的信息，再通过不断细分市场，将中网信息准确地传递到消费者手中，从而与消费者建立稳固的关系。现就中网目标受众进行较为全面分析，以发现一些规律和问题。

1. 中网现场目标受众

（1）驻留时间

2013年，中网现场观众驻留时间小于1小时约占4.3%，这部分观众以父母与孩子的家庭型为主，他们中绝大多数对网球了解不多，也很少参与网球运动，购买外场票来感受中网赛事氛围，由于孩子缺乏观赏球赛的欲望，他们在一些现场商店闲逛后便离开。驻留时间1~3小时约占37.9%，多以大学生为主，他们消费水平有限，多是冲着球星而去，比如，观看球星训练，等待球星签名等，他们中平常只关注自己喜爱的球星，很少参与网球运动，从网球比赛的时间判断，他们中看满一至二场为多。驻留时间3小时以上约占57.8%，这意味着超过半数的观众在赛场内停留3小时以上，进一步体现出"大客流，长驻留"的形态。这部分观众主要是经常关注网球赛事或从事网球运动，对网球运动表现出极大的兴趣，他们是中网的忠实粉丝。

（2）观众黏性

球迷是一项赛事发展的根基和土壤。如何扩大中网球迷队伍是迫切需要解决的现实问题。基于此，扩大中网球迷队伍主要从两个方面着手，一方面要吸引新球迷加入；另一方面要留住老球迷。可喜的是，越来越多的球迷连续多年来中网现场，有调查数据表明，连续4~9年来中网现场看球的球迷约占14.3%，连续10年来中网现场看球的球迷约占4.3%。

（3）观赛动因

中网创办之初的口号便是"星耀中网，为你绽放"，这表明中网一开始就是以球星为"卖点"来吸引观众。网球并非中国传统运动，缺乏本土球星，一些球迷也不熟悉网球规则，更不清楚观赛礼仪，如此环境下，中网抓住观众崇拜明星的心理提出"星耀中网，为你绽放"的口号无疑是明智的、现实的。随着赛事不断发展，观众逐渐趋于理性。到了2013年，约72%的观众表示，即使自己喜爱的球星出现因伤退赛等情况未能参赛，他们仍然会来现场观看中网赛事。经过10余年的发展，中网赛事逐步将观众对个别球星的热爱引导为对网球运动的热爱，并逐步培养观众对赛事品牌的忠诚度和依赖性。

（4）观赛组合

调查表明，独自一人来中网现场观看比赛的观众约占13.7%，独自一人来中网现场观看比赛的观众基本属于"铁杆球迷"；两人同行来中网现场观看比赛的观众约占53.1%，也就意味着中网球迷超过半数是两人结对而来，进一步调查发现这些观众多为北京高校的情侣，他们是中网消费的主力军；三人同行来中网现场观看比赛的观众约占21%，这多为一家三口来中网感受赛事氛围，观看比赛不是最主要的动机；四人及以上团体来中网现场观看比赛的观众约占12.2%，这部分观众多来自外地，他们的主要目的就是观看比赛，甚至是冲着某球星而来，他们是中网一支不可忽视的球迷群体。中网赛事观众已经形成了朋友观赛、家庭观赛、情侣观赛等群体形态，中网赛场成了国庆期间城市内休闲欢聚、畅叙感情的理想场所。

（5）外部观赛动机

中网举办时恰逢国庆节放假，很多家庭选择国庆长假外出旅游，北京作为我国政治、经济、文化中心，有着深厚的文化底蕴和众多著名景点，如故宫、长城、颐和园、圆明园、天安门等。中网作为一项国际体育赛事备受关注，已成为外地旅客来京旅游的选择地。统计数据表明，专程观赛的现场观众占54.05%；而将中网作为北京旅游行程中的重要内容之一的观众占15.23%；因追星等其他原因来观赛的观众占30.72%。从统计的数据不难发现，约45.95%的观众并不是纯粹为了观看中网而来现场，而是因为追星或旅行，这进一步彰显了中网赛事作为北京体育旅游品牌产品的优势。

（6）网球受众参与

调查数据显示，喜欢看网球比赛却很少参与网球运动的观众占50.91%，也就意味着中网近一半的球迷纯粹是为了欣赏比赛，这部分球迷几乎没有参加网球运动经历。既喜欢看比赛又经常参与网球运动的观众约占17.15%，这部分球迷具备一定的网球运动基础，对球员的技术和战术尚有一定了解；观看所有高水平比赛的观众约占18.59%，这部分球迷主要是白领阶层，他们具有良好的经济条件和前卫的消费理念，是中网赛事的忠实支持者，除中网外，他们还会选择去四大满贯的现场观赛。经常参与网球运动但很少观赛的观众约占6.83%，这一部分人主要是在校大学生，他们从事和热爱网球运动，但受经济、时间等因素制约，会选择多媒体来看转播。网球兴趣一般仅被赛事氛围吸引的观众约占6.53%，这部分人群并不是真正的网球迷，与观赏赛事相比，他们更乐意感受中网现场热闹的氛围，或是在亲朋好友的带领下来到现场体验中网氛围。

（7）年龄结构

中网球迷35岁以下青年人群约占79.03%，较2012年提升了13%，表明中网赛事对年轻、时尚、有活力的主力消费群体的吸引力不断增强。而18～24岁球迷约占37.49%，其中大部分是在校大学生；25～34岁球迷约占33.28%，这部分主要是刚刚走向社会和部分在校的研究生；18岁以下约占8.26%，这部分主要是中小学生。由此可见，中网球迷以年轻人为主，换言之，以大学生为主体，他们消费欲望很强，但缺乏经济来源，消费能力受限。35～50岁球迷约占15.57%、51～64岁球迷约占4.30%、65岁及以上球迷约占1.10%。中网现场观众的年轻化与四大满贯现场观众的老龄化形成了鲜明对比。与上海劳力士大师赛现场观众比较发现，上海劳力士大师赛的18岁以下球迷约占7.40%，50岁以上球迷约占16.30%，中网50岁以上球迷约占5.40%，这从侧面反映了上海劳力士大师赛的观众年龄相对成熟，以社会白领为主要消费群体。

2. 四大网球公开赛的目标受众分析——以美网为例

受文化等多重因素影响，四大满贯球迷都形成了各自的风格特征。对此，多次担任过四大满贯金牌裁判的卡德尼·纳尼有着自己的感受，他表示法网观众比较专业，他们自己经常打球，所以对网球的了解很深。温网观众则比较绅士，观赛比较安静。美网现场就很热闹，赛会有各种商业展示。澳网观众比较活跃，很会搞气氛。以下是美网球迷目标受众市场调查的相关分析。

（1）美网现场与非现场球迷收视分析

2013—2015年，美国13岁以上的流动球迷人口为5000万～6000万之，而观看美网的人数为300万～500万，其中2014年人数最多，高达465万人，反观2013年和2015年，球迷人数在350万人左右，表明美网球迷人数相对稳定。近50%的观众不止一次来美网现场观看比赛，换言之，美网现场约一半的是老球迷。除现场观众外，每年非现场观众观看美网主要通过电视和网络为主，电视观看的球迷为500万～570万人，通过电视连续观看2年以上球迷的比例高达57.1%，收看12场以上的球迷比例在8%左右；在线观看的球迷人数波动较大，2013年约为417万人，而2015年约为834万人，观看一次以上的球迷比例分别为7.0%、8.8%、15.1%。事实表明，通过电视收看美网比赛的方式正在悄然发生变化，而通过网络收看美网渐渐地成为主流观看方式。

（2）年龄特征

美网球迷年龄跨度很大，既有极小一部分比例年龄为13～17岁的青少年，也有较大比例的老年人，2013年，美网65岁以上的老年人球迷占23.7%，相比之下，中网球迷中65岁及以上的老年人约占1.1%。这是中网与美网球迷的最大区别所在，也是四大满贯的优势所在，这些老年人球迷为球场上座率提供了保障。当然，培育球迷是一个漫长的过程，正是四大满贯悠久的历史造就了这些老龄球迷。从美网发展战略来看，视15～60岁男女粉丝为主要目标受众。表3-12为2013—2015年美网球迷的年龄特征。

表3-12　2013—2015年美网球迷的年龄特征

年龄区间	2013年	2014年	2015年
13～17岁	5.8%	4.1%	5.3%
18～34岁	23.1%	25.0%	25.8%
35～49岁	21.2%	19.8%	27.8%
50～64岁	26.2%	27.6%	24.1%
65岁及以上	23.7%	23.5%	17.0%
合计	100.0%	100.0%	100.0%

（3）性别特征

由表3-13所示，美网球迷的男、女性别比例差距不大，2013年，男、女比例非常接近，女性网球球迷的比例明显高于篮球、足球、排球等体育项目的比例。同时发现，女性球迷逐年变少、男性球迷逐年变多的趋势。中网女性球迷约占46%，男性球迷约占54%。由此可见，中网与美网球迷的性别比例十分接近。

表3-13　2013—2015年美网流动性球迷的性别特征

性别	2013年	2014年	2015年
男	50.9%	55.8%	56.5%
女	49.1%	44.2%	43.5%
合计	100.0%	100.0%	100.0%

（4）收入分析

由表3-14可见，美网球迷的收入普遍较高，其中，年收入在25000

~100000美元超过50%，而年收入超过100000美元的更是高达35.1%。相比之下，中网球迷由于是以大学生为主体，几乎没有年收入，中网观众的年收入差距很大，大部分球迷的收入较低，也有部分高收入人群，而上海劳力士大师赛观众月收入在5000~10000元的占32.5%，由此可见，中网球迷的收入较低是制约赛事门票和衍生品销售的根本所在。2019年，美国网球公开赛，拥有学士学位以上的球迷占78%，家庭平均年收入达21.6万美元，表明美网球迷高学历、高收入特点。

表3-14　2013—2015年美网流动性球迷的收入特征

年收入/美元	2013年	2014年	2015年
< 25000	19.0%	15.9%	13.3%
25000 ~ < 50000	22.6%	22.4%	19.4%
50000 ~ 100000	30.8%	34.5%	32.2%
> 100000	27.6%	27.2%	35.1%
合计	100.0%	100.0%	100.0%

（5）区域特征

由表3-15可见，美网赛事的球迷在美国的四个地区中，除南部地区偏高外，其他几个地区十分接近（约占20%），换言之，网球赛事的受众面很广泛。相比之下，中网球迷主要集中在北京、天津和河北。其中，约74.18%的球迷来自北京。2009年，澳网的现场观众达到60万人，约有三分之一的球迷来自其他州或者海外，直接为维多利亚州带来了1.6亿澳元的经济收入。

表3-15　2013—2015年美网流动性球迷的区域特征

区域	2013年	2014年	2015年
东北部	20.1%	18.3%	20.4%
中西部	20.2%	22.7%	19.5%

区域	2013 年	2014 年	2015 年
南部	39.8%	38.3%	35.4%
西部	19.9%	20.7%	24.7%
合计	100.0%	100.0%	100.0%

（6）美网球迷对赞助商的看法

赞助商赞助体育赛事的最重要目标就是扩大品牌的影响力和美誉度。以"体育赞助对购买赞助商品的影响力"为题对美网球迷进行调查，由表3-16所示，从连续3年调查结果来看，认为体育赞助极具影响力的分别为3.3%、3.5%和7.8%，认为体育赞助很有影响力的分别为5.7%、8.1%和12.7%，这表明体育赞助对企业产品确实是有一定的影响力。

表3-16　2013—2015年美网流动性球迷的体育赞助效果分析

体育赞助对购买赞助商产品的影响力	2013 年	2014 年	2015 年
认为体育赞助极具影响力	3.3%	3.5%	7.8%
认为体育赞助很有影响力	5.7%	8.1%	12.7%
认为体育赞助有中等影响力	15.3%	17.7%	17.6%
认为体育赞助略有影响力	15.2%	12.8%	15.4%
认为体育赞助没有影响力	60.5%	57.9%	46.5%
总数	100.0%	100.0%	100.0%

八、参赛选手

球星是体育赛事的核心竞争力，也是吸引球迷购票观赏比赛的关键因素。四大网球公开赛能吸引众多球星参加，除赛事本身的影响力外，还形成了一整套完善的制度来规范选手的参赛资格，其中，WTA、ATP的排名系统对运动员每周进行实时排名，这些结果成了参赛资格的最重要依据。为平衡各方利益，WTA、ATP就不同等级赛事制定了相应的参赛条件，如WTA、ATP单打排名前100选手可以直接参加四大满贯，世界排名前20选手强制参加WTA皇冠赛，世界排名前20选手强制参加ATP 1000赛事，世界排名前30选手强制参加ATP 500赛事等强制性举措等。这些制度确保了不同排名的选手能够参加相应等级的赛事，进而保证赛事的精彩性和公平性。

（一）四大网球公开赛参赛选手

四大网球公开赛的选手参赛资格分为三种，即正赛、资格赛和外卡。一是正赛。依据运动员当时的世界排名直接进入正赛。以四大满贯单打为例，一共128个名额，男、女单打世界排名前100的选手直接进入正赛，其余28个名额分配给资格赛和外卡。男、女双打世界排名前50的选手直接进入正赛，男、女混双世界排名前20的选手直接进入正赛。二是资格赛。由于参加比赛人数较多，所以自1919年开始限制参赛人数。参赛选手分为两类，一类是各自国家协会提名的选手，另一类是个人报名参赛的选手。前者通常会被无条件接受，但是后者需要经过包括裁判在内的五人小组委员会的严格审查。资格赛为四大满贯赛事起到热身和宣传作用，比如，澳网、法网在中国等海外国家举办资格赛。1978年，资格赛的录取开始由计算机排名系统决定。2019年，澳网实行改革，女子资格赛选手名额由96名增加到128名。三是外卡。1977年开始，温网首先推出外卡制度。即依照赛事运动员参赛资格（指世界排名），四大满贯对一些没有达到参赛要求的"特殊球员"提供照顾的一种通用做法。特殊球员主要指三种人，即著名球星、本土新星以及交换名额获得资格的选手。法国网球协会与澳大利亚网球协会签订协议，就法网和澳网交换外卡名额达成一致，目的就是帮助本国排名较低的选手成长。四大满贯赛事组织者拥有决定权，他们利用这一规则来帮助本土选手发展，比如，法国网球协会除与美国网球协会、澳大利亚网球协会交换两张男女单打和一张混双外卡外，包括资格赛和青少年赛，几乎所有的外卡都留给本土选手。当然，大满贯委员会充分考虑到商业化利益，给一些因为某种原因致使排名靠后但具有影响力的明星选手发放外卡，以保证票房和收视率。

作为一项品牌赛事，大满贯总能吸聚全世界的目光，球员曝光率自然也高。换言之，大满贯赛事的国际影响力正是球员和赞助商所看重的。因此，大满贯赛事不仅是球员赚取奖金和积分的地方，也是球员通过高曝光率来提升自身商业价值的重要渠道。在职业体育中，运动员自身已经物化了的体育商品，这时运动员自身价值完全通过经济形式表现出来，获取报酬的多少，是根据运动员竞技水平的高低，其也是决定体育运动员价值的直接因素。当然，运动员的附加值还体现在临场与体育消费者、媒体的互动沟通能力以及人格魅力等。职业球员收入除奖金以外，还有广告、代言之类，尤其对于顶级球员来说更是如此。然而，对于低排名选手就没那么幸运了，他们主要依靠奖金来维持自己的训练、比赛等，几乎没有多少广告收入，甚至球拍、球鞋等运动装备也得自己花钱购买。

综上，大满贯赛事男、女单打各128个签位、双打64个签位、混双32个签位，竞争激烈程度可见一斑。参赛选手有三种来源途径，即正赛、资格赛和外卡。以大满贯单打为例，世界排名前100名的选手直接进入正赛，外加28个资格赛和外卡名额。需要指出的是，无论是全英俱乐部还是美国网球协会，除了主要依据世界排名外，还要结合历届大满贯成绩以及运动员商业价值等因素来决定最终参赛选手资格，如法网给予了颇有争议的莎拉波娃一张外卡。2018年，美网的正赛选手公布，除托马斯·伯蒂奇因伤退出外，ATP世界排名前100选手悉数参赛；WTA世界排名前101位选手直接参赛。双打、混双、青少年赛以及轮椅网球赛都一样，主要依靠世界排名直接进入正赛或通过资格赛层层选拔而进入正赛。元老赛更多以趣味性为主，每年邀请的球员都是由组委会来决定的。

（二）中网参赛选手分析

与四大满贯赛事结构相比，中网是 ATP、WTA 以及 ITF 合赛。表面上看似乎差不多，实际上却是性质完全不同的几大网球管理机构在同时管理。中网创办之初，男子为 ATP 二级巡回赛、女子为 WTA 二级巡回赛，因此，参赛选手世界排名总体较低，首届中网男子赛事邀请到世界排名第 6 的俄罗斯名将马拉特·萨芬参与，引起了较大轰动。诚然，利用巨额出场费来邀请球星参与是中网赛事的一贯做法，这很好地满足中国球迷的追星心理。然而，中网缺乏高积分和高额奖金，球星来参赛获得的只有不菲的出场费，这种做法短期内收效较好，但不会持久。2006 年和 2007 年，中网男子赛事 ATP 排名前 10 仅 1 人，女子赛事同样不容乐观。2009 年，对于中网而言是极具重要意义的一年，男子赛事升级为 ATP 500、女子赛事升级为 WTA 皇冠明珠赛，中网赛事影响力明显提升，尤其是世界排名前 10 的女子选手连续四年悉数到场，这种豪华阵容可以与四大满贯相媲美。男子阵容也有所改善，每年世界排名前 10 的男子选手约一半参加中网，值得一提的是，2013 年，除费德勒外，世界排名前 10 中的男子选手有 9 位都参加了中网。然而，好景不长，2018 年，因膝受伤的纳达尔和因肩受伤的莎拉波娃两位巨星缺席中网，这对崇拜这两位球星的中网球迷来说影响很大，球市的票房收入自然大幅下滑。

中网男子参赛球员排名不高既有赛事级别原因，也有赛事时间冲突因素。中网举办的同时，日本也在举办同级别网球赛事，相反，同级别的中网创办 16 年来，深受中国球迷喜爱的费德勒从未参加过中网，这对中网来说是件遗憾之事。上海劳力士大师赛创办 7 年来，费德勒、纳达尔和德约科维奇仅因伤缺席一次，无疑，三位巨星的到来大大提升了赛事影响力。可见，上海劳力士大师赛在球员心目中的地位。女子除世界排名前十选手强制参赛中网外，对入围正赛的选手也有相应要求。女子阵容方面，也面临着赛事时间冲突的问题，中网期间，日本东京举办东丽泛太平洋公开赛，最具人气的女子球员莎拉波娃就是此项赛事的常客。中网创办16年以来，影响力较高的小威廉姆斯仅参加了6次，其中，两次打进十六强和一次退赛以及一次首轮出局，其在中网的表现欠佳。

除四大满贯外，一些同级别的巡回赛事会在同一时间、不同地点上演，而按照WTA、ATP相关规定，不同排名的选手强制参加至少四站比赛，这样一来选手有多种选择余地，为此，各个赛区为争夺球星资源展开激烈的竞争。为提升中网赛事水平和赛事价值，赛事组委会想方设法地邀请国际巨星参与，在巨额奖金和球员的个人喜好等因素影响下，同期举办同级别赛事势必会分流一部分顶级选手。上海劳力士大师赛比中网男子赛事级别高，加上上海劳力士大师赛紧接着中网之后，不排除少数顶级选手将中网视为上海劳力士大师赛前的热身赛。时下，最受球迷欢迎的费德勒不得不考虑自己的体能和受伤风险，他选择上海劳力士大师赛而不参加中网也在情理之中。与四大满贯赛事的参赛选手相比，包括青少年运动员和轮椅运动员在内，每年四大满贯约五六百球员参赛，而中网不到两百名球员。一路走来，中网参赛选手有过辉煌，也有过低谷，总体形势不容乐观，归根结底，既与中网赛事级别有关，也与中网举办时间有关。从长远来看，中网应在培育国内网球市场、普及网球运动、培养本土球星等方面下功夫。

九、服务团队

每年，以四大网球公开赛为代表的职业网球赛事之所以能够顺利进行，与多年来致力于赛事的专业化团队密切相关，比如，裁判员、球童和志愿者队伍等。

（一）裁判员

网球裁判员是网球赛事的重要组成部分，职业网球裁判员是指以网球裁判为职业或谋生手段的特殊群体，是伴随着网球职业化发展应运而生的，是促成赛事公平公正且顺利进行的执法者。

1.裁判员执法

职业网球赛事对裁判员执法有严格的程序和要求。主裁判员选派工作由相应赛事的国际网球管理机构负责，如上海劳力士 ATP 1000 大师赛裁判员由 ATP 负责选派；武汉网球公开赛的赛事裁判员由 WTA 负责选派；四大满贯赛事的裁判员由 ITF 选派。对于一名职业网球裁判员来说，站在四大满贯赛事的赛场上执法，既是一份令人羡慕的工作，也是至高无上的荣誉。按照相关规定，执法大满贯赛事的主裁判员级别也有相应要求，如从资格赛开始，主裁判员至少需要铜牌级别，而到了单打四分之一时需要金牌等级裁判。除裁判员等级有严格要求外，对裁判员的语言也有特别要求，法网要求主裁判员用法语介绍开场白和呼报比分。而一些低级别的赛事裁判员由主办方在比赛前两个月向 ITF 提交裁判人选、备案，最后由 ITF 审批。外调主裁判员的级别、数量是依据赛事的级别而定，不同级别的赛事在不同轮次对裁判员等级也有明确要求。而国内一些低级别的职业网球赛事（多指 ITF 赛事），除主裁判员由 ITF 选派外，考虑到办赛成本和从培养主办地网球裁判员的需要出发，主要以国内裁判员或周边国家的裁判员为主，为节约成本，一些低级别的职业网球赛事，运营方甚至就近找一些学生来充当司线员。

2.裁判员收入

决定是否从事一名全职网球裁判员的影响因素众多，包括报酬、家庭、教育背景、福利待遇、身心健康、个人兴趣等，其中最为重要的是报酬。职业网球裁判员收入来源主要有两种。一种是多劳多得，即通过申请执法来赚取相应劳动报酬；另一种是固定收入，ITF、WTA、ATP国际网球机构会从全球范围内挑选最优秀的金牌裁判员来组建各自的专职裁判团队，一般来说，ITF、WTA、ATP各有6个金牌签约裁判员，国际网球机构会给所签约的裁判员发工资和其他福利，不过这需要严格的考核才能上岗。其实，只有少数顶级金牌裁判员，网球管理机构会与其签订协议并支付其薪水和为其缴纳各种保险费用等，截至2019年底，与WTA签约的国内职业裁判员仅陈述和张娟。一些人误以为网球裁判员是一份美差，其实不然，网球裁判员工作并不轻松，他们辗转世界各地，倒时差就是他们需要面对与克服的问题，而不足两周他们又得奔波另一场比赛。中网主裁判员由ATP、WTA选派，无须赛事提供薪酬，中网组委会负责提供赛时的住宿和餐饮，住宿在指定球员官方酒店，餐饮在球员餐厅，没有其他额外费用。

3.裁判员团队

赛事裁判员团队包括裁判长、裁判组长、主裁判和司线裁判等，他们彼此之间既有明确分工，也有协作。四大满贯分预赛和正赛两部分，由此，主裁、线审人数较多，比如，温网裁判团队由366人组成，包括330名主裁和边裁，36名工作人员。其中，218名由全英俱乐部授权官员和英国网球协会（LTA）官员，以及大约148名来自世界各地的海外裁判。马修·莫里西是LTA的裁判经理，负责在锦标赛前和锦标赛期间选拔裁判，以及负责所有裁判的行政安排。他们与首席裁判员 Adrian Wilson 密切合作，Adrian Wilson 在锦标赛期间负责主裁和线审的整体管理和分配。他们使用一个定制的计算机系统，并由一个小型管理团队协助。

为提升中网赛事裁判员整体水平，组委会采用"引进来"和"走出去"的做法。2018年，中网不惜重金邀请温网资深金牌组长威尔逊先生来中网指导工作，聘任温网裁判长安德鲁先生为中网裁判长。在主裁方面，中网汇聚了世界优秀裁判员，既有闻名世界的法国金牌主裁诺尼，又有中国金牌主裁张娟。2016年，中网的主裁判队伍中，金牌国际级主裁11人、银牌国际级主裁8人、铜牌国际级主裁4人、国际级金牌参赛监督5人。在线审方面，中网线审以国内裁判为主和少数国外裁判为辅组成。2016年，中网线审共128人，包括来自6个国家的14名国际交流裁判，其中，澳大利亚2人、以色列2人、韩国2人、泰国2人、西班牙2人、土耳其1人、意大利1人、伊朗1人、匈牙利1人、捷克1人、英国1人。2018年，中网共有130名线审，其中14名来自包括澳大利亚、德国在内的7个国家。线审中，很多国际级、国家级裁判选择中网，显然，这与中网在线审心目中的地位有关。在中国网球协会的大力支持下，每年40多名裁判员参与上百次的外派执裁任务，他们的执裁能力、语言水平明显提高，使得他们更好地融入了职业网球赛事的圈子。中网每年会抽调约15%的国外线审裁判，这里包括多次执法四大满贯赛事的线审。中网将前期武汉网球公开赛、成都网球公开赛执法决赛的12名线审补充到自己的裁判队伍中来，加强了中网线审裁判的整体水平，与此同时，也形成了内部的竞争机制。

（二）球童

球童是指网球比赛中专门为球员服务的特殊群体，年龄一般不超过18周岁。球童职责主要是捡球、递毛巾、打伞、拿水（饮料）和帮助球员扔垃圾等。球童是大型网球赛事不可或缺的一部分，也是网球赛场上的一道靓丽风景线。正如全英俱乐部的商业和媒体总监说过，温网的男球童和女球童都是志愿者。球童是志愿者的重要组成部分，既是赛事默默无闻的奉献者，也是保障赛事顺利进行的重要角色。

1.四大满贯球童

20世纪二三十年代，温网的球童（男）由沙夫茨伯里之家（Shaftesbury Homes）提供，这是第七代沙夫茨伯里伯爵在1843年设立的慈善机构，旨在帮助贫困儿童。从1946年开始，这些年轻人都是当地学校和机构的志愿者。直到1977年，女球童才首次出现在温网上，1986年，她们首次出现在中央球场上，现在男女球童的比例为1:1。为适应温网发展壮大的需求，温网球童逐年增加。

从来自学校和温布尔登青少年网球计划（WJTI）的700个提名中选出250名幸运的男孩和女孩是一项艰难的任务。候选人必须能够完成必要的训练，并且在锦标赛期间没有安排其他的考试。为了有资格接受全面的训练，候选人必须通过一系列测试，包括捡球速度、手和眼协调性以及滚球、喂球和接球等。训练课程包括一般的健身和运动训练、循环训练和特殊球的处理。在整个培训过程中，每个候选人都要不断地接受评估。在锦标赛中，四支队伍（一队六个人）被选为负责中心球场和一号球场的工作，成为这些队伍的一员意味着竞争程度更加激烈。在锦标赛期间，正常来说，男女球童上午十点进入比赛场地，在最后一个场地关闭的时候离开。

2.中网球童

2012年，中网开始在全国10座城市向社会公开招募球童。2017年，共有来自世界各地的156名球童参与中网服务工作，其中，6名是来自四大满贯的外国球童。国内球童也是通过层层选拔，比如，在江西网球公开赛中表现优异的10名球童来中网服务。通过对中网球童负责人访谈获悉，2018年，在中国人寿保险（集团）公司冠名支持下，中网在北京、石家庄、郑州、广州、南昌、长春、成都、长沙、上海和济南等10座城市利用赛事之际进行球童选拔，仅5%的优秀球童获得在国家网球中心进行暑期集训的机会，集训的时间为10天。球童中，约64%平常打网球，年龄在12~17岁；连续3年或以上服务中网的占41%，连续服务中网2年的占37%，第一次参加服务的占22%。由此可见，中网球童具备良好的网球基础，且有一定的工作经验。

国内举办职业网球赛事的时间并不长，球童尚存在一些不足之处。一是部分球童球感不好。在中网赛场上，我们会看到球童接不住球，甚至出现满场追球现象。这很容易打乱球员发球节奏和影响发球时间。二是球童之间配合不够默契。主要表现在网前球童与底线球童、网前两名球童之间，在换边传球时，中间球童缺乏有效配合。三是球童移动不够迅速。相比四大满贯球童，中网球童移动速度都略逊一筹，由于新规则规定发球必须在25秒内完成，球童捡球和落位的时间愈发重要。四是部分球童对球员个性缺乏了解。每位球员的个性不一样，有的球员甚至迷信"得分球"，即下一分仍然用这一球开始发球等，上场前，这些球员个性化特点需要球童提前做好功课。五是部分球童对规则不熟悉。多数球童虽有网球运动经历，但对规则了解不够透彻，尤其是"抢七"时，球童偶尔出现向相反方向传球现象。在球员交换场地的时候往往忘记将球员的毛巾递给他。此外，少数球童在比赛中因专注力下降，对所在区域的球没有及时捡起，一定程度上影响了比赛节奏。尽管存在这些问题，中网球童在精神面貌、敬业精神、服务意识、纪律意识等方面都取得显著进步。为帮助中国球童快速成长，中国网球协会已制定外出交流计划，中国网球协会分别与澳大利亚网球协会和法国网球协会签订协议，在中网表现优异的10名球童将有机会赴澳网、法网交流，同时1名优秀球童培训师随从前往。

（三）志愿者

志愿者一词来自拉丁文中的"voluntas"，意指那些为推进社会、社区、个人、团体体育发展而不以换取报酬为目的，自愿提供自己劳动、技术和时间的一种人群。志愿者是保障大型体育活动成功举办的一支重要力量，赛事志愿者的工作岗位涉及方方面面，具有服务时间长、业务要求熟等特点。体育赛事志愿者包括赛内场和外场，以下主要就赛场内志愿者进行分析。

1.中网志愿者

中网志愿者由北京大学生、少数社区人员和极少数离退休人员组成，其中以北京大学生为主体。2013年，来自北京市12所高校的999名志愿者参与了服务团队，包括清华大学、北京大学、中国传媒大学、北京语言大学、中国地质大学等。中网志愿者岗位主要包括赛场运作、信息服务、场内支持、球场帮助、摄制服务、广播、销售、赛事接待、观众服务、球员服务等工作项目，涵盖了近58个岗位。中网志愿者来源比较单一，绝大多数是北京的大学生。相比之下，美网志愿者则来自社会各行各业，志愿者服务独具特色，能够满足观众的各种需求。温网的安保志愿者由陆军、皇家海军、皇家海军陆战队和皇家空军组成，以及约200名来自伦敦的消防队志愿者。他们都统一佩戴着官方徽章和领带，展现出温网特有的气质。中网在安保方面也下足了功夫，聘请专门安保公司负责，在球员保护、球场秩序维护等方面做得很专业。与四大满贯一样，中网也是采用闭环管理。中网在门禁系统采用了高科技，通过芯片识别每位工作人员的信息并与公安系统连接，这大大地提高了工作效率。

2.大满贯志愿者

澳网期间，有近4400名工作人员为赛事服务，而绝大多数为志愿者。

法国约1200万志愿者为全国1000多个协会免费服务，每年，全国网球志愿者约10万人为法国的网球赛事服务。温网约5000人参与服务，约190名无报酬的服务人员，300多名男女军人（他们也都是志愿者）在场地周围协助他们。

绝大部分美网志愿者对网球运动很熟悉，约82%的志愿者参与过网球运动。美网志愿者的来源覆盖社会各行各业，并且很多志愿者为美网服务已长达几年、十几年甚至几十年。他们对美网和网球较了解。有许多中老年志愿者简直就是"活词典"和"导航仪"。志愿者工作充满乐趣，他们与赛事贴得很近，但是却鲜有观赛的机会，对他们来说，赛事的服务才是最重要的。

3.志愿者动机

志愿者的动机多是享受志愿服务的过程，渴望帮助别人。当然，部分高校为学生参与志愿者活动提供额外的学分。志愿者们还表现出对帮助活动取得成功以及服务社区的真正兴趣。志愿者虽不拿报酬，但可以通过接受赠品的形式寻求物质利益，如每位志愿者在比赛期间收到一件球衣、门票券、证件、停车证和便餐等。赛事组委会让志愿者真正参与活动管理中，团队活动就是赛事的重要一环，安排志愿者从事各自喜欢或熟悉的岗位。

与四大满贯的志愿者人员来自各行各业相比，中网志愿者主要以北京大学生为主，大学生的优势是精力旺盛、整体素质高、外语水平高，不足是他们中有很多缺乏经验，对网球志愿者专业性服务细节不够熟悉、流动性大等。

十、品牌标识

品牌标识是构成品牌的要素之一，是赛事重要表征，通过将视觉符号按照一定的组合和规律进行排列传播，使目标受众通过符号标识加深对品牌标识的印象。职业网球赛事都有各自名称和品牌标识，尤以四大满贯赛事的名称和标识最为经典，并成功地植入球迷内心深处。2018年，恰逢网球公开赛五十周年之际，澳网、美网品牌标识发生改变，而温网和法网仍然沿袭着原有的品牌标识。

（一）四大满贯品牌标识

外形、内容、色彩是品牌标识设计三要素。从设计外形上看，温网与法网的标识为圆形，如图3-2所示，澳网的标识为方形，美网的标识为不规则图形，如图3-3所示；从设计内容上看，可以分为图案型、文字型以及文字与图案结合型；四大满贯品牌标识都属于文字与图案结合型。温网和法网在品牌标识设计上都采用了双层圆形图标，外层由赛事名称和举办地字符组成，内层由网球相关元素的图案组成。如温网是一幅网球拍与一个网球组成，法网巧妙地将人与"ROLAND"的第一个字母"R"和"GARROS"的第一个字母"G"抽象地结合起来，让人充满无限遐想（图3-2）。澳网品牌标识外层由"australian open"和"The Grand slam Asia Pacific"组成，内层由一位选手发球动作组成。美网品牌标识设计得过于抽象，也是由两层组成，外层为一个快速飞行中的网球，内层为美网名称"US OPEN"（图3-3）。从四大满贯品牌标识内容上看，赛事名称、网球元素必不可少，而举办地也显得尤为重要，其中，澳网用"亚太大满贯"代替了"墨尔本"，这与澳网发展战略理念相契合。

温网与法网品牌标识无形中扩大了举办地城市美誉度，并为举办地城市带来较好的经济与社会效益。作为百年温网举办地，小小的温布尔登镇因温网而举世闻名，这也说明举办赛事可以有效地宣传城市，除此之外，随着来自世界各地的大量球迷的到来，为当地的交通、旅游、购物、住宿、餐饮等带来了消费需求，进而促进了当地的经济和社会发展。

图 3-2　法网、温网标识

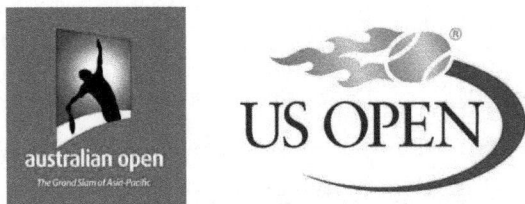

图 3-3　澳网、美网旧标识

　　心理学家认为人的第一感觉就是视觉，而对视觉影响最大的是色彩。色彩是通过视觉给人的内心直观感受，不同的色彩搭配能产生不同的视觉效果。有研究表明，色彩可以提高品牌80%的辨识度。四大满贯品牌标识颜色非常讲究，如法网品牌标识由白色、红色和深蓝色组成；温网品牌标识由紫色、白色和绿色组成；美网品牌标识由淡黄色、深蓝色和红色组成；澳网品牌标识由淡蓝色、白色和红色组成。通常情况下，由两种鲜艳的颜色形成层次感，品牌标识的内层以一种颜色为背景配以网球元素的图案。其实，四大满贯品牌标识在颜色选择上有各自的含义，温网品牌标识中的紫色、白色和绿色与赛事的主色调高度契合，产生非常好的效果。即便是同样的颜色也有不同的含义，法网的红色代表场地颜色、澳网的红色代表天气炎热、美网的红色代表激情和活力等。品牌标识内层颜色与四大满贯场地颜色相一致是普遍的做法，法网品牌标识的红色、温网品牌标识的绿色、澳网品牌标识的淡蓝色以及美网品牌标识的深蓝色，无不凸显各自赛场的特征。

1.澳网、美网新标识

（1）凸显赞助商的澳网新标识

赞助费是大满贯收入重要来源之一。2018年，澳网赞助费收入约占总收入的27%，显然，赞助商对于澳网来说举足轻重。与所有的体育赛事一样，澳网也面临着赞助市场开发的问题。一方面，澳网要不断找寻新的赞助商；另一方面澳网要稳住现有多年品牌赞助商，像起亚汽车连续18年为澳网主赞助商，澳新银行连续9年赞助澳网等。澳网组委会深知，正是这些赞助商的长期支持，才使得澳网能够快速而又稳健地向前发展。澳网组委会在新标识设计过程中想方设法地考虑赞助商的利益。于是，澳大利亚网球协会邀请国际知名品牌朗涛为澳网设计新的品牌标识（见图3-4）。相比旧标识，澳网新标识中保留了"australian open"和蓝色背景，去掉了亚太大满贯"The Grand Slam of Asia Pacific"，这表明澳网的定位悄然发生了改变，意味着澳网经过近20年的发展，原先打出"亚太大满贯"的口号已基本实现，这也无意中透露了澳网下一步瞄准全球市场的野心。"ΛO"不难理解为"australian open"的英文缩写，巧妙的是将"AO"中字母"A"下方的一笔去掉变成"Λ"符号，这与连续18年赞助澳网的主赞助商起亚公司标识中的"KIΛ"字母中"Λ"不谋而合，巧妙的是，与澳网的第二大赞助商澳新银行"ΛNZ"中"Λ"也相吻合。21世纪，人类进入数字化时代，澳网新标识"ΛO"既体现了澳网的与时俱进，又体现澳网充分考虑到赞助商的利益。

图3-4　澳网新标识（左）、起亚汽车标识（中）、澳新银行标识（右）

（2）抽象的美网新标识

2018年，美网组委会决定更换原先的品牌标识，由国际著名的平面设计公司 Chermayeff & Geismar & Haviv 为美网设计新标识（见图3-5）。美国网球协会市场总监 Amy Choyne 表示，新的标识设计是大胆和充满能量的，它能更好地捕捉和表达美网的活力。这50年中美网享受了伟大成就，新的品牌设计会更好地引领美网走向下一个50年。相比美网旧标识，美网新标识从品牌内容（图案）看，只是在细节方面发生变化，新标识沿袭了"火一般网球"图案，不同的是新网球品牌标识中的"火一般网球"没有了红色的运动轨迹，而是通过一种流线型和扁平化的设计来体现高速运动中的网球；旧标识中被网球运动轨迹包围的"US OPEN"赛事名称改为现在的镂空型字体，使整个标识看起来更加简约、时尚和现代化。从美网标识颜色来看，与其他大满贯一样，以场地的颜色为背景色。新标识中增加深蓝色为底色，一方面，使得美网赛事名称和网球视觉效果更加醒目；另一方面，这种深蓝色很容易让人一眼看到就联想到美网的赛场情景。

图 3-5　美网旧标识（左）与新标识（右）

（二）中网品牌标识

国内所有职业网球赛事中，中网是唯一一项综合性赛事，赛事项目设置与四大满贯相近，赛事名称也是因冠以"中国"而意义非凡，中网欲打造成"第五大满贯"。殊不知，四大满贯赛事的地位不仅仅是因其高额的奖金和积分，其与赛事理念、赛事设施、赛事文化、经营管理等也是分不开的，最为重要的是，四大满贯赛事不放过每个细节。赛事标识也是一项赛事最为直观的广告，因而，备受赛事组委会的重视与关注。公开赛50年之际，澳网和美网更换新标识都是经过深思熟虑的，如新标识请世界著名品牌设计公司设计，这无疑反映赛事组委会的良苦用心。

2004年，中网创办之初，在全国范围内开展了中网品牌标识设计作品征集活动，从中选择了"太极水墨画"作为背景的中网标识（见图3-6），内容包括中国水墨画、阴阳太极图、球网、网球等元素。对此，时任北京青年报社总编辑、中国网球公开赛组委会副主任张雅宾先生表示这个标志不仅表现出网球运动的精神，还表现出中国的特色。众所周知，太极是我国道家文化史上一个哲学概念，即阴阳平衡，太极图还享有"中华第一图"的美誉。中网标识在设计时就凸显中国传统文化这一特色，从中网官方网站的内容解读来看，"太极图"喻为一个弹起的网球，下面的影子是"网球"投影，而旁边是中国网球公开赛的英文名称（CHINA OPEN），还象征着球网，突出网球运动元素。品牌标识作为网球赛事的标志，应直观地、简洁地传递着赛事的精髓，而中网品牌标识的设计灵感来源于中国文化中的太极图，这与体育赛事商业化以及网球运动激情化特征有些不相符。太极图标志给人第一印象很容易联想到太极拳运动，尤以老年人为主要参与群体的养生与健身活动。而网球是一项攻防转换快、充满激情与活力，且以年轻人为参与主体的运动项目。无论是美网品牌标识中像火一样运动的网球，还是法网品牌标识中在疾跑中击球的图案，都充分展现了网球运动的这一特点，也让目标受众看到品牌标识就联想到该项赛事。中网赛事对于我国来说是新业态，网球迷以年轻人为主，太极图标志未能充分展现网球运动的特点。除此之外，水墨画虽是中国特色之一，但品牌文化不等同国家文化，网球赛事品牌标识应当不拘泥于举办国文化。相比大满贯品牌标识设计，温网"古典与传统"，法网"浪漫与抽象"，美网、澳网"创新与活力"；以"道法自然"为核心的道家文化与网球这项极富激情的体育赛事显得不适配。

图 3-6　中国网球公开赛品牌标识

中网品牌标识设计要素中，除了"水墨画""太极图"等极具中国特色的文化元素外，还有一个双语的赛事名称。与四大满贯品牌标识相比，中网是由"CHINA OPEN"与"中国网球公开赛"构成的中英双语赛事名称，不难理解，英语作为世界通用官方语言，中网在国际化发展过程中，品牌标识使用英语名称是能够理解的，但是从侧面也反映了中网缺乏文化自信。体育赛事不仅仅能够推动多种产业发展，也是举办国文化输出的重要途径，而作为一项赛事最直观的品牌标识，应当注重赛事文化内涵和国家文化的有机结合，笔者以为，有朝一日或在中网几十周年之际，可以考虑将中网品牌标识中"CHINA OPEN"删掉，只保留中文的"中国网球公开赛"，这符合国际通用做法，也使得中网品牌标识更加简洁明了，更重要的是，它能够体现出中国文化的自信。这方面，法网就是最好的例子，在比赛前"开场白"和"比分呼报"就是用法语。确实，中网赛事标识既充分展现中国特色，同时也注重普世文化，毕竟，中网最终要走出国门、走出亚洲、走向全世界，这也是中网品牌国际化发展的内在需求。此外，不论是温网、法网、澳网，还是美网的新标识，都以场地颜色为底色，具有强烈的视觉效果。中网标识缺少背景颜色，不能形成鲜明对比，美网新标识设计就吸取了这一教训，通过使用场地颜色作为底色，提升了标识的视觉效果。

第四章 四大网球公开赛的成功经验及启示

第一节 四大网球公开赛的成功经验

一、政府与社会强有力支持

大型体育赛事对举办地具有很强的辐射效应，与此同时，一项大型体育赛事需要政府、市场和社会力量共同参与。事实表明，四大网球公开赛在发展过程中，举办地政府都给予了赛事强力的支持。公开赛之初的澳网，无论是场馆建设还是赛事运营都处于极度困难时期，维多利亚州政府在资金和政策方面给予了澳网巨大支持，尤其是场馆建设方面，澳网场馆三次重大扩建都离不开政府资金投入。在澳网赛事组织与管理过程中，政府充当协调和服务角色，并不干预澳网的具体运营，维多利亚州和墨尔本政府成立专门的对口组织机构，并制定了严格的职责分工，他们充分利用政府在赛事公共目标领域的效率优势，为赛事举办提供必要的政府服务与支持，通过特定的、多层面联系机制充分实现了政府作用与市场机制的有机融合，从而大大地降低了澳网赛事中的无效行政成本，提高了赛事的组织效率和举办效益。疫情发生后，澳网在现时资金困难的情况下，维多利亚州政府也给予一定数目贷款。法网在巴黎占有重要地位，巴黎政府非常重视法网带来的年度效应，巴黎市长经常出席法网现场并与广大球迷互动，2017年，巴黎市长安娜·伊达尔戈出席法网活动，并与轮椅运动员进行了交流。法国网球协会每年举办赛事，直接为法国经济作出了贡献，据法国网球协会2019年度报告，全年收入5.35亿欧元，其中80%的收入都来源于法网，每年法网还创造了近3万个就业岗位。

四大网球公开赛在成长与发展过程中，除政府支持之外，还得到了社会力量支持，尤其是直接参与赛事运营的志愿者队伍，安保人员以及赛事组织者等，这些社会力量的广泛参与节约了赛事开支、降低了赛事风险。温网奖杯都是来自社会资助，如男子单打奖杯——Field Cup，由Field报纸在1877年为首届锦标赛捐赠的；男子双打银质"挑战杯"，则是来自于牛津大学草地网球俱乐部。迄今为止，英国皇室以及社会名流从未间断对温网提供资金支持。此外，本国企业也热衷于四大满贯赛事的赞助，如法网主赞助商的法国巴黎银行、澳网主要赞助商的澳大利亚新西兰银行、美网官方赞助商的美国大通银行和美国运通公司等。

二、注重赛事文化与品牌建设

就四大满贯而言，观众不仅仅是因为某些球星才会观赛，更多的是被其深厚的文化所吸引。四大满贯历来注重文化建设，并形成独特的赛事文化。温网和法网建有专门性博物馆。全英俱乐部建立一个网球博物馆，所有物品都与网球相关，如网球拍形状的耳环、网球形状的吊坠、多个网球组成的面包架，以及球拍和网球造型的手镯等。温网博物馆收藏了很多有价值、有意义的服饰，如罗杰·费德勒卫冕温网冠军时所穿的夹克衫、艾米莉·毛瑞斯莫夺冠穿着的服装，以及安德烈·阿加西告别中心球场时所穿的衣服等。温网博物馆馆长表示，下一步将收集温网裁判、球童以及工作人员等人的服装。除了博物馆以外，温网还专门修建了图书馆。这座图书馆现藏书超过6000本，而且拥有来自全球各地的数千本杂志、网球书籍、年鉴、期刊、音像作品、方案计划、剪报和各种各样的出版物。每到一处，最能引起人们共鸣和释怀的就是一个国家的文化，而温布尔登博物馆就是一个网球文化的集聚地，这里有着原汁原味的英国本土文化，同时，也在时间的长河中不断吸收着博大的世界文明。因此，温网也通过其博物馆和图书馆为世界网球发展贡献着力量。法网博物馆比温网博物馆更大，收藏着不同时代各式各样的法网展品，球拍、球衣、球、帽子、扇子、领带、怀表，甚至自行车老照片。2017年，法网博物馆使用声、光、电等高技术手段，完美地呈现现代网球的发展历程，在法网的博物馆里还增设了RG实验室，进入RG实验室便有一条梦幻的"球员时光隧道"，给球迷带来难忘的体验。与温网和法网建立博物馆不同，澳网和美网在球迷广场修建了球星雕像，澳大利亚网球协会为表彰罗德·拉沃尔对澳大利亚甚至世界网球的贡献，将澳网中心球场以其命名，并在球馆前广场树立其巨大雕像。此外，为纪念和表彰为澳大利亚网球发展作出重要贡献的本土球星，澳大利亚成立了网球名人堂。

　　四大网球公开赛之所以能够吸引到顶级赞助商、转播商以及来自全球各地的球迷参与，除团队成功运营外，关键是四大网球公开赛已发展为国际知名体育品牌赛事并蕴藏巨大商业价值。Kaynak研究认为，品牌是在消费者心目中唤起某种个性、存在感的产品或服务，并且是无形资产，也是组织最重要的资产之一。四大网球公开赛一直注重品牌建设，致力于建立品牌识别与品牌定位。2017年，法网创建了RG360平台，在全球推广罗兰·加洛斯品牌，使其成为世界最著名的体育品牌之一，这不仅带来商业上的成功，还为FFT提供了投资基础网球、高水平网球和锦标赛的资金。2018年，为完善包括苏珊·朗格朗在内的场馆设施，法网与Solideo合作解决了融资问题，结果达成350万欧元的项目协议。澳网被喻为"欢乐大满贯"，为球员和球迷带来欢乐；法网试图与"巴黎、优雅、品质"和生活方式联系起来；温网是一项独特的赛事，坚持其独特历史固有的悠久传统（穿白色衣服、向皇室鞠躬等），同时，也适应现代体育赛事需要。全英俱乐部官方网站显示，俱乐部的主要目标之一是提升其独特的形象，保持球场和场地相对没有商业赞助和产品放置。为此，温网不同于其他大满贯，其赛场周围没有醒目的赞助商标识，温网商业与媒体总监Mick Desmond解释说这是保护"温布尔登品牌"的独特性。法网正进入一个新时代，罗兰·加洛斯品牌正在寻求改变，展示一种新的现代性，让每个人都能接触到，同时保持这一全球主要网球赛事的传统。一个新的口号——"Move the lines，with style"，现在将成为罗兰·加洛斯品牌领导的各种行动口号。这样做就是为了表明法网的独特性，以及更好地推广法网所体现的品质，即奋斗精神、勇气和优雅。

三、优化营收结构与经营策略

门票销售、媒体转播、市场赞助、赛事衍生品销售等是四大网球公开赛主要经济来源，从四大网球公开赛收入结构比例来看，温网门票收入约占15%、媒体转播收入约占40%、市场赞助收入约占35%、赛事衍生品销售收入约占10%；澳网门票收入约占28%、媒体转播收入约占34%、市场赞助收入约占27%、赛事衍生品销售收入约占11%。媒体转播收入在大满贯收入中占比最大，这与大满贯拥有独立转播权，以及长期与国际知名媒体合作有关。大满贯联手顶级媒体，不仅给赛事带来可观的收入，还有效地扩大了赛事影响力。ESPN具有最先进和最专业的转播制作技术，专注于体育赛事转播，是大满贯常年合作伙伴。美网与ESPN也有着非常好的合作，并签订一项从2015年起，为期11年的ESPN独家转播协议。此外，美网的赞助商除了ESPN外，全国广播公司（NBC）、哥伦比亚广播公司（CBS）等国内顶级媒体也参与进来。温网转播收入占比最高，究其原因，主要是顶级媒体的参与，BBC、ESPN以及全球其他媒体与温网有长期合作，其中，BBC与温网合作已90余年，新的合同到2024年；2011年，ESPN与温网签署12年的转播合同。澳大利亚网球协会与Seven Network签署了延长5年的转播协议。正是众多国际知名媒体参与报道，四大满贯的曝光率不言而喻，每年都能吸引好几十万现场观众，这些都是赞助商所看重的。由此可见，四大满贯蕴藏巨大商业价值，除常年保持稳定合作的赞助商外，不断有新的赞助商也想参与进来。四大满贯形成合理的营收结构，既反映四大满贯赛事的成熟度，又能够反映四大满贯赛事具有有效防范风险的能力。

按照职业网球赛事年度安排，四大满贯赛事之前会安排一系列热身赛，法网赛前的红土赛季、温网赛前的草地赛季等。一方面，帮助选手尽快适应四大满贯场地的特性和打法；另一方面为四大满贯赛事预热造势。然而，高排名选手往往不参加热身赛。进入21世纪，四大满贯采用"整合营销"的模式，有力提升了赛事价值和增加了赛事收入，北美赛季总共有6周，推出"美网系列赛"品牌，整合资源后，通过出售电视转播权，每年收入大约7000万美元，这笔钱足以覆盖美网奖金。最具创新的做法是将系列赛成绩与美网奖金挂钩，这使得美网前的热身赛都能吸引巨星参与，系列赛因此异常激烈和精彩，自然也引起了转播商的关注。2006年，澳网保留高档赛事、合并中档赛事、取消一些低档赛事，在电视转播助力下，获取约3倍于以往的转播收入。发展至今，中网在转播收视率方面已取得重大突破。2016年，中网夺得WTA全球转播收视冠军。全球179个国家或地区电视转播中网的总时长达7393小时，比2015年多出97个小时，其中，欧洲地区电视转播总时长达4786小时，比2015年多出262个小时。2016年度WTA全球赛事单日收视人群排名前三位都有中网赛事，其中，四分之一决赛共吸引了全球超过610万球迷的收看，这一数字更是创造2016年度WTA全球赛事的收视峰值。中网赛事优异的国际传播价值，以及赛事对欧美传统网球市场和国际主流体育媒体的影响力得到了充分彰显。

四、注重网球运动普及与培养后备人才

作为四大网球公开赛的运营机构，澳大利亚网球协会、法国网球协会、美国网球协会以及英国网球协会都致力于青少年培养和网球普及工作。四大网球公开赛运营终极目标是更好地发展网球运动、惠及更多民众。英国网球协会的使命是"让更多人打网球"；澳大利亚网球协会的目标是"让澳大利亚成为最伟大的网球之都"；等等。从社区网球运动到职业球员的培养，从澳网前的系列赛到澳网，澳大利亚网球协会起到主导作用，政府也全力配合协会开展工作，并在场馆建设、政策等方面给予大力支持。澳大利亚网球协会、美国网球协会、法国网球协会以及全英俱乐部通过自身和地方网球协会来层层落实达到治理、促进和发展网球运动这一目标。国家网球协会每年会划拨一定数量的资金来投资社区网球场馆，集中对教练员、裁判员进行培训，并通过下一级网球协会来落实推广网球运动，美国网球协会通过17个区域办事处（称为部门）和50多个地区协会来发挥作用。总之，四大网球公开赛的运营机构（国家网球协会）就是想方设法地普及和推广网球运动，让网球深入社会的每一个角落。除此之外，青少年选手的培养备受重视，澳大利亚网球协会除负责普及和推广网球外，还邀请澳大利亚退役网球运动员参与到澳大利亚网球协会的青少年培养中来，大力扶持有潜质的选手。美国在佛罗里达州建立"天才免费培训基地"，并在奥兰多建立了庞大的国家训练基地，为职业选手、青少年选手以及美国大学生选手提供优质的训练场地

和教练资源。美国网球协会对低收入家庭参加网球运动的孩子提供资金帮助。法国网球协会通过支持俱乐部来培养青少年选手。2015年，法网启动"网球节"，促成俱乐部教练免费进行示范教学，并提供上课所需球拍等设备，法国网球协会提供网球场地，2018年，共有1500多家俱乐部参与、70000人左右体验了本次活动。此外，法国网球协会针对幼儿和儿童制定了"银河网球"计划，以快乐为主题，通过网球运动来培养孩子体育道德和健康的竞争意识。英国网球协会每年花费数千万美元在网球普及推广以及球星的培养上。2002年，由全英俱乐部主办的"通向温网之路"，旨在为14岁以下的青少年网球选手提供俱乐部、训练场地、专业学校等支持，以促进青少年网球运动长足发展。鉴于此，培养青少年选手既是四大网球公开赛的社会责任，也是为四大网球公开赛的发展提供支撑，因为，本土球员是门票和收视率的重要保障。2001年，美网女单决赛在大小威廉姆斯之间展开，比赛收视率高达6.8%，甚至超过了同时段另一个电视频道转播的美国人最喜欢的棒球比赛。美国网球协会官方表示，美国本土球员的出色表现对赛事有着重要的意义。总而言之，球星是四大满贯票房的强力保障，尤其是本土球星，他们的存在是赛事门票供不应求的根本原因。

五、坚持商业化与公益化并重

大型体育赛事既具有显著的公益与公共价值的事业属性，也具有可市场化可盈利的经济属性。商业化是四大满贯发展的前提和保障，公益化是大满贯发展的责任与担当，毫无疑问，四大满贯丰厚的收益正是其高度商业化结果。2019年，澳网总收入约3.0亿美元，法网总收入约2.85亿美元，温网总收入约3.5亿美元，澳网总收入约4.5亿美元。20世纪六七十年代网球运动向"公开赛"时代的转变过程中，当时的"大满贯"

在积分与奖金方面并不比其他职业赛事高。比如拿澳网来说，当时这项赛事的奖金甚至不如一些巡回赛。1968年之前，顶尖球员通常在获得三四个大满贯冠军之后，就会放弃传统的大满贯赛事，参加职业比赛赚更多的钱。网球进入公开赛年代就凸显出其巨大的商业价值，首届法网约10万球迷涌入球场，温网购票申请数量是正常数量的4倍，美网球迷热情更是高涨，现场球迷近10万人，较1967年增加了15%，售票处收入达到40万美元。随着市场全球化、信息化发展，企业日益商业化与国际化，法网传统的营销策略只有在不断修改和适应当地市场的情况下才会变得有意义。"全球化思考，本土化行动"的座右铭随着其结构独特的战略定位而变得更加重要。

澳大利亚网球协会首席执行官Ceaig Tiley表示，作为一个社会非营利性组织，澳大利亚网球协会正致力于使网球成为每个人的选择，为世界提供优质的体育与娱乐活动，增加协会收入，并将这些利润投资和回馈社会。大满贯公益化的表现是都有自己的慈善机构。大满贯每年都要捐助一定数额的资金给慈善机构，来支持和促进本国网球运动的发展。除此之外，大满贯会提供一定资金给大满贯基金会来发展全世界的网球运动，大满贯基金会隶属于ITF，截至2009年，大满贯赛事为大满贯基金会贡献了超过5000万美元的资金。

六、秉承可持续发展理念

与所有非营利性体育组织一样，四大网球公开赛一直致力于履行社会责任和推动可持续发展。四大网球公开赛始终秉承可持续发展理念，主要体现在两个方面。

一方面是网球项目发展。澳大利亚、法国、美国和英国网球协会都有一个共同的使命，那就是代表本国网球利益，普及和发展网球运动。

英国网球协会首席执行官斯科特·劳埃德表示，英国网球协会（LTA）正在努力让所有想要打网球的人都能参加，他相信新的评分系统将支持LTA为所有级别的网球运动员提供适当和愉快比赛的愿望。美国网球协会（USTA）首席执行官戈登·史密斯表示，美国网球协会的首要任务之一是优化网球运动员的各个方面，无论他的年龄、背景或技能水平如何。作为一个拥有世界上最大的网球社区之一的国家，美国网球协会一直在努力使用最先进的技术来改进产品，以满足球员和球迷的需求。法国网球协会（FFT）倡导"FFT团结行动杯"，其主题包括网球进社区、网球适应运动、网球运动健康和福利等方面。

另一方面是环境保护。2008年，法国网球协会启动了一项环保计划——"黄球行动"，就是将比赛用过的网球收集起来，再分发给社区、学校重复使用；全年都在Roland-Garros网球中心回收垃圾，每年约100吨生物废物，仅在法网期间就有超过45吨，通过技术处理后用于"蚯蚓"肥料。五年之内，罗兰·加洛斯收集的生物垃圾数量增加了近20倍，从2014年的2.6吨增加到2018年的45.5吨，这些生物垃圾产生的沼气用来发电并直接并入电网。这种沼气也被用作垃圾收集卡车的燃料。法网这种废物回收再利用的做法，既体现了企业的社会责任，又创造了新的经济价值。同样如此，有统计表明，2008年，澳网较上一年所产生的垃圾增加了约28.46吨，其中，72.94%是可以回收垃圾。澳网采用了"闭环"废物回收系统。澳网现场材料尽可能地使用可回收的包装，澳网回收数千根用过的火柴制成网球相关的工艺品，回收用过的网球再出售给教练或通过现场商店再卖给公众，所获得的资金捐赠给慈善机构。澳网还回收了网球罐，利用再生橡胶来制造球场上的垫子，"clearview"的塑料回收中心将塑料袋经过处理后做成公园的椅子和现场标志牌等。澳网组委会环保意识特别强，主要体现在节约用水和水的再利用方面。2008年，澳网花园周围引入耐旱植物，改进淋浴设施并安装了"沙漠小便器"装置，大大节约了用水。水是生命之源，也是人类最宝贵资源之一，我国是世界上严重缺水的国家之一，节约用水和推动绿色环保应成为中网后续发展中必须重视的课题。

第二节　四大网球公开赛对中网启示

一、提升中国网球协会"自我造血"功能

中国网球协会是代表中国网球利益的非营利性体育组织，也是代表中国参加国际网球体育组织的唯一合法代表。换言之，包括中网在内的国内所有职业网球赛事，中国网球协会是唯一合法代表，负责与ATP、ITF、WTA进行沟通与协调。事实上，中网在赛事运营中，中国网球协会充当指导与监督角色，因而，中国网球协会既代表政府来监督中网，又作为非营利性体育组织与国际网球管理机构进行沟通和接洽，但几乎不参与赛事运营，导致了中网的组织经营与监督职能分离。而四大网球公开赛国家网球协会既是国家网球管理机构，又是四大网球公开赛的运营机构，具有高度一体化。澳大利亚网球协会、美国网球协会、法国网球协会以及全英俱乐部是在市场经济下成立和逐步发展起来的社会团体，具有高度的民间性和独立性。西方非营利性体育组织是"内生性"的，是在经过充分的体育社会化基础上自然生成的，即"自下而上"建立的。而中国网球协会是"嵌入式"的，它是在体育社会化程度较低的情况下，以"自上而下"的方式成立的。中国网球协会是在计划经济背景下成立与发展的，隶属于国家网球运动管理中心。西方国家施行的是"合同政府"模式，意味着与政府的交往按合同办事即可。中国网球协会在实际开展工作时代表着政府职能，而完全依靠协会自身与政府部门打交道，

可能会面临一些困难。显然，中网在发展中如何界定组织领导机构就是一个棘手问题，一种情况是效仿四大网球公开赛由国家网球协会主办的思路，即中网应由中国网球协会具体经营管理，诚然，由于中国网球协会自身还不够成熟，缺乏专业化的经营管理人才、庞大的志愿者队伍等，短期内，由中国网球协会独立经营这些赛事是不现实的。另一种情况是维持现状，即由中国网球公开赛体育推广有限公司市场化运营，中国网球协会作为政府代表进行行政监督。依笔者分析，在我国现行体制下，中网坚持走商业开发与行政监督相结合的道路更为合适，这既符合职业网球赛事市场开发的现实需求，也与中国国情相适应。

澳大利亚网球协会、美国网球协会、法国网球协会以及全英俱乐部主要依托承办澳网、美网、法网和温网等赛事，来获取巨额利润进而为本国网球运动发展提供财力保障。职业体育的本质是追求盈利，这种特征要求其遵循市场逻辑进行资源调配和组织体系的建设，其组织架构必须具有实体化、企业化的特征，无论是协会办，还是社会组织办，抑或是两者联办都需遵循这一原则。中国网球协会应改变过去依赖政府拨款为主的经费来源方式，提升"自我造血"能力。在中国网球协会和政府以及企业等多方合作下，我们欣喜地看到，越来越多的职业网球赛事在国内举办，其中不乏品牌赛事，如中国网球公开赛、上海劳力士大师赛、武汉网球公开赛、WTA年终总决赛等，中国成了亚洲网球赛季的重要中心。中国网球协会应当合理地打造高、中、低梯次的赛事，避免赛事过度密集而产生不必要的内耗和竞争，同时，中国网球协会需加强与这些赛事的深度合作，不断提升赛事质量和整合赛事资源，并逐步由"赛事指导"转向为"赛事主导"，与此同时，中国网球协会应加大与国际网球组织（ATP、ITF、WTA）的联系，争取更多高级别的赛事在中国举办。

实际上，我国体育协会没有实体化或者说实体化程度不高，因为在市场经济体制下发展起来的国家网球协会或俱乐部的功能有待进一步加强，而澳网、法网、美网以及温网就是由这些非营利性体育组织运营的，政府通过制度激励、财政支持及分担赛事工作任务等间接方式，致力于赛事服务与保障，积极鼓励社会及市场力量的广泛参与。而赛事的操作层面基于赛事产品的可经营性与市场化需求，由具有独立法人的公司来运作赛事。商业化是职业体育赛事的出发点和落脚点，中国网球协会要一改过去依赖政府拨款的传统思维，通过整合赛事资源，提升"自我造血"能力，来获取更多的资金进而普及和推广网球运动。国家发布的《关于全面推开行业协会商会与行政机关脱钩改革的实施意见》意味着未来体育协会逐渐脱钩进而实体化。中国网球协会实体化的首要任务是组织领导机构改革，改革后的协会组织领导机构应当按照"公司化"运营，采用董事会领导下分层管理模式，董事会和执行团队中绝大多数应由具有网球经历或体育产业背景的非官员担任，并成立与市场开发相对应的委员会，如审计和风险委员会、投资咨询委员会、薪酬委员会等。

二、构建政府、协会与中网的联动机制

随着市场经济改革的不断深入，职业体育的不断发展，政府的职能需要转变。各级地方行政部门应该及时转变角色，适应以行政为主导的体育赛事的组织模式向以市场为主导的体育赛事的组织模式转变。举办大型体育赛事必然会涉及各级政府提供的社会资源，而这些社会资源绝大部分是有偿服务，这势必会增加体育经营者的经济负担。现在政府在管理体育赛事方面政策性的举措过多，服务性的举措过少。未来中国体育水平发展，政府需要在重大体育赛事的运营主导位置上逐渐向后退位，让位给体育运作的公司。四大满贯赛事能够带动地区经济发展同时，还能够提供就业岗位，每年的澳网、法网能够带来上万个就业岗位，法网每年创造近3万个就业岗位，据了解，美网每年会提供近7000个就业岗

位。与此同时，四大满贯赛事还能够带动周边城市的旅游业发展。马德里网球公开赛与中网属于同一级别，西班牙政府出钱修建了一个很大的网球场馆，无偿地提供给马德里公开赛使用。马德里公开赛不仅提升了西班牙的知名度，而且为西班牙带来不菲的旅游收入。诚然，举办中网对提升北京的知名度和美誉度也有着重要作用，赛事期间还可以带动相关产业发展。

事实上，政府对中网给予了极大的支持。首先，在赛事权益方面，政府的资助实现了赛事升级；其次，在资金方面，政府所提供的财政补贴占到了运营支出的20%左右。可以说，这是中网得以快速发展的坚强支撑。北京市委、市政府主要领导也表示将全力支持中网，并将其作为北京最重要的体育产业进行扶持，以期将北京打造成国际体育中心城市。此外，市政府积极推动中网公司与地方政府在场馆建设方面的长期合作，以打造亚洲网球基地。在职业体育市场形成过程中，政府扮演了重要角色，如网球项目的普及，还在赛事期间协调政府部门之间的合作，包括签证发放等。

毫无疑问，中网发展离不开政府支持，尤其是正处于刚刚起步阶段的中网。为加快中网发展步伐，政府可以针对性地出台一些扶持政策，比如，政府应为中网协会提供更加宽松的发展环境，近年来，国家发布《关于加快发展体育产业促进体育消费的若干意见》《体育强国建设纲要》等文件，未来，随着政府"放管服"的职能转变，政府应当减少政策干预，增加服务性支持。中国网球协会对内要抓住机遇，迎难而上，大力发展以赛事为主的网球产业，加快推进网球进校园、进社区等活动；对外要加强与国际网球管理机构交流，积极争取更高级别赛事。中国网球公开赛体育推广有限公司应专注于赛事组织与运营，并接受中国网球协会的监督。最终，形成政府支持、协会参与、公司运营的三方联动机制。

三、优化中网营收结构

相比四大网球公开赛较为均衡的营收结构，2016年，中网门票收入约占13%、电视转播收入约占18%、市场赞助收入约占66%、赛事衍生品收入约占3%。不难发现，中网收入中市场赞助收入占比过大，这加大了赛事风险，造成如此结果的主要原因有两方面。首先，职业体育在国内兴起的时间不长，国内的职业体育市场处于起步阶段，没有形成职业体育所需要的球迷市场和传播市场。其次，中网的现场目标受众数量远低于四大网球公开赛，这直接影响了门票和电视转播收入。澳网现场目标受众在75万人左右，温网和法网稳定在50万人左右，美网在68万人左右，而中网在20万人左右，这种差距明显。电视转播作为四大网球公开赛收入最大一块，中网却仅占18%，这主要是因为中网不具备独立的转播权，而是由ATP、WTA掌握着赛事转播权，中国网球公开赛体育推广有限公司只能按照协议从中收取一定比例的转播费；此外，由于我国电视转播权不同于西方的开放状态，中网以转播权销售来置换电视信号制作成本的合作模式，于是，中网为了扩大国内影响力，不得不将免费版权让给央视。

中网收入结构不尽合理既有中网品牌影响力不够的因素，也有现行我国相关政策限制的客观因素。四大网球公开赛收入比例稳定合理主要是因为其是国际知名品牌赛事，具有广泛影响力和蕴藏巨大商业价值，同时，职业体育在西方国家发展已有近百年历史。当然，在赛事运营组织细节方面，四大网球公开赛有很多值得学习与借鉴的经验。比如，善于捕捉一些细节来增加观众体验感、通过镜头展现不同风格的球迷进而凸显赛事文化、温网赛事运动员休息期间不插播广告等。为优化中网营收结构，可以尝试以下途径：一是吸引更多球迷来现场观赛，特别是中产阶层群体，从而提高中网门票和赛事衍生品收入；二是要吸引更多知名品牌赞助商参与，尤其是国际品牌赞助商，目前中网赞助商和合作伙伴的数量很多，而赞助商的总体实力不强；三是借助新媒体来赚取转播收入，在新媒体特别是网络视频全面兴起的背景下，中网国内电视转播权在新媒体领域内获得的收入以较快速度增长，且潜力巨大。特别是随着科技的发展可以将网络连接到电视上观看或通过手机、平板等移动终端随时随地收看赛况，这为年轻人和上班族观看赛事提供了便利。

四、提升中网品牌核心竞争力

体育赛事作为体育产业的核心内容，如何打造具有吸引力的国际品牌网球赛事，关乎能否借助这一具有国际影响力的运动项目来加快中国体育产业的发展，关乎中国能否创建国际品牌网球赛事。经过百余年的发展，四大网球公开赛已经发展为国际知名品牌赛事。四大网球公开赛成为世界知名品牌赛事并在同类项目竞争中独占鳌头，毫无疑问，这与其品牌竞争力有着很大关系。品牌竞争力是指企业的品牌拥有区别或领先于其他竞争对手的独特能力，能够在市场竞争中显示品牌内在的品质、技术、性能和完善服务，可引起消费者的品牌联想并促进其购买行为。中网虽已发展为国内外品牌赛事，但从长远发展看，构建品牌竞争力是中网国际化发展的必经之路。鉴于此，中网可以通过以下几个方面来提升其品牌核心竞争力：一是积极邀请顶级球星参与赛事，提高赛事的吸引力和精彩度；二是全方位地提升中网服务水平；三是通过差异化发展战略，在国内乃至亚洲市场确立中网的领导地位；四是不断地制造与赛事相关的"故事"，尤其是通过与娱乐元素相结合来增加中网品牌忠诚度。

品牌是文化的载体，文化是品牌的灵魂。与四大网球公开赛鲜明的赛事文化相比，中网还没有形成自己的赛事文化。究其原因，一方面中网创建时间不长；另一方面赛事文化没能引起组委会的足够重视。社交媒体作为一种现代而又有效的营销工具，中网应与时俱进，善于利用社交媒体来塑造赛事文化和品牌。创造一个成功的品牌不仅仅需要高质量的产品和服务，还需要了解客户、营销传播和持续与客户互动等。温网通过社交网络扩大其影响力，其在Facebook、Intagram、YouTube、Twitter等社交平台上的粉丝数不断增长。据研究表明，温网在Facebook上有约334万粉丝，在Intagram上有约722万粉丝，在Twitter上有约220万粉丝，超过了其他大满贯赛事的粉丝之和。针对35岁以下的年轻人，温网与Snapchat签署了三年的合作协议，通过该应用提供实时更新的照片，有调查表明，90%的Snapchat用户年龄在13～24岁，因此，这是吸引年轻观众的很好的平台。温网还在该平台发布了几段的视频来讲述温网故事，包括球童、花园以及比赛的精彩画面等，以全新的视角呈现赛事文化。时下，中网在品牌标识、场馆命名和奖杯选择等方面融入了中国文化元素，而作为赛事文化既要体现举办国文化特色，又要具有独特的赛事特色。

第五章　中网本土化发展SWOT分析

第一节　中网优势

一、一流的场馆设施

场馆设施是办赛的基本条件，比如，比赛场馆、练习场地、停车场、媒体工作室、运动员休息室、裁判员休息室、餐厅、球迷娱乐休闲区、购物区以及赞助商展厅等。中网场馆包括钻石球场（带有伸缩顶棚）、莲花球场、映月球场、布拉德·德拉维特球场、8片标准的室外场地，以及6片室外练习场和5片辅助练习场等。与美网、澳网一样，中网是硬地球场，球速介于美网和澳网之间。2019年，为提升中网赛事水平，钻石球场、莲花球场、映月球场、布拉德·德拉维特球场都安装了鹰眼系统。在功能区的布局规划方面也吸取了国外经验，当然，中网场馆设施在一些细节方面还有待改善，比如，餐饮区、赞助商的展台和赛事衍生品销售区的设计不够科学，以及缺少一个绿色休闲娱乐广场等。

二、良好的服务

发展至今，从引入鹰眼系统、添加飞猫索道摄像系统，到智能化改造钻石球场等，中网从未停止技术创新的脚步。一是 VR 转播技术首次在中网中运用。2017 年，中网同样进行了全程 VR 直播，提供了超高清的信号，并通过便捷的手机客户端让球迷轻松感受到网球的别样魅力。二是赛事更加专注于提升观赛体验和安全服务。2017 年，以匠心精神呈现更具视觉冲击力的钻石球场 LED 屏幕效果以及无线网络系统，在转播端更创造性地呈现多机位 VR 直播、雷达数据分析图、全场转播信号制作、360°全景回放。三是 2017 中网是全球首个引入 360°全景摄像技术的网球赛事。该项技术主要利用在球场各个角落架设的 35 台摄像机，在某个共同的时点对比赛现场进行定格，经过快速处理后，可以对比赛中的精彩瞬间进行 360°展示。四是中网电视转播首次实现全场地正赛电视转播工作。2017 年，中网实现了 7 片场地的 140 余场 WTA、ATP 单双打正赛的电视转播公共信号制作工作。所有看台球场制作标准均高于国际规则，其中，钻石球场采用 14 讯道制作，莲花球场采用 9 讯道制作，映月球场、布拉德球场采用 6 讯道制作。国家网球中心经过 2016 年底的改造，实现了场馆间核心机房的光纤级互联，使任何角落都有网络覆盖得以实现。2017 年，中网采用智能证件管理系统，摒弃人工看脸、刷卡验证的传统验证方式。以大数据存储为前提，采用高频发射 RFID 芯片技术，能够在工作人员通过的瞬间，将人员信息和权限，快速准确地呈现给查验人员，实现进门无停留的"秒过"体验。通过与存储的数据库进行匹配，验证"人证合一"，识别准确率高达 99%。

三、频繁的经典对决

中网不乏经典对决。从表 5-1 可见，中网女子决赛几乎都是顶级选手之间的对决。首届中网女单决赛便是小威（塞雷娜·威廉姆斯，简称"小威"）与库兹涅佐娃之间的对决，经过三盘苦战，最终小威获得中网冠军。小威是中网常客，2013年，又一次获得女单冠军。最具商业价值的莎拉波娃，因其出色的外貌、独特的吼声以及彪悍的打法深受中国球迷的喜爱，莎拉波娃也是中网票房的重要保障。2019年，中国女单决赛是世界排名第一的巴蒂和第三的大坂直美之间的对决，经过三盘激战，最终大坂直美获得冠军，这种经典对决完全可以与四大满贯决赛相媲美。从表5-1可见，15次男单决赛中，6次是与男单世界排名第一间的对阵，决赛的精彩程度可见一斑。作为中国球迷最喜爱的球星之一，德约科维奇先后于2009年、2010年、2012年、2013年、2014年、2015年，获得6届男单冠军，尤其是2013年和2015年，德约科维奇对阵纳达尔的男单决赛堪称中网巅峰对决。正是这些经典对决，为提升中网国际影响力奠定了坚实基础。

表5-1 2004—2018年中网男、女单打决赛对阵一览表

年份	女单决赛	男单决赛
2004年	[8]小威vs[5]库兹涅佐娃(4-6, 7-5,6-4)	[8]萨芬vs[28]尤日尼(7-6, 7-5)
2005年	[20]基里连科vs[29]格罗恩菲尔德(6-3,6-4)	[2]纳达尔vs[5]科里亚(5-7,6-1,6-2)
2006年	[10]库兹涅佐娃vs[1]毛瑞斯莫(6-4,6-0)	[24]巴格达蒂斯vs[17]安西奇(6-4,6-0)
2007年	[20]阿格尼斯vs[2]扬科维奇(6-7,7-5,6-2)	[7]冈萨雷斯vs[10]罗布雷多(6-1,3-6,6-1)
2008年	[1]扬科维奇vs[7]库兹涅佐娃(6-3,6-2)	[8]罗迪克vs[20]塞拉(6-4,6-7,6-3)
2009年	[7]库兹涅佐娃vs[10]拉德万斯卡(6-2,6-4)	[3]德约科维奇vs[14]西里奇(6-2,7-6)
2010年	[1]沃兹尼亚奇vs[2]兹沃纳列娃(6-3,3-6,6-3)	[3]德约科维奇vs[7]费雷尔(6-2,6-4)

年份	女单决赛	男单决赛
2011年	[8]拉德万斯卡vs[10]佩特科维奇（7-5,0-6,6-4）	[7]伯蒂奇vs[21]西里奇（3-6,6-4,6-1）
2012年	[1]阿扎伦卡vs[2]莎拉波娃（6-3,6-1）	[1]德约科维奇vs[8]特松加（7-6,6-2）
2013年	[1]小威vs[8]扬科维奇（6-2,6-2）	[2]德约科维奇vs[1]纳达尔（6-3,6-4）
2014年	[2]莎拉波娃vs[4]科维托娃（6-4,2-6,6-3）	[1]德约科维奇vs[7]伯蒂奇（6-0,6-2）
2015年	[3]穆古拉扎vs[12]巴辛斯基（7-5,6-4）	[1]德约科维奇vs[5]纳达尔（6-2,6-2）
2016年	[3]拉德万斯卡vs[13]孔塔（6-4,6-2）	[1]穆雷vs[17]迪米特洛夫（6-4,7-6）
2017年	[8]加西亚vs[1]哈勒普（6-4,7-6）	[1]纳达尔vs[21]克耶高斯（6-2,6-1）
2018年	[3]沃兹尼亚奇vs[12]塞瓦斯托娃（6-3,6-3）	[21]巴斯拉什维利vs[5]德尔波特罗（6-4,6-4）

注:运动员前面的数字为当时的世界排名,后面括号里的数字为比分;数据来源于中国网球公开赛官方网站,https://www.chinaopen.com.cn/。

四、攀升的媒体价值

赛事转播不仅是赛事收入的重要部分，更是扩大赛事影响力的重要渠道。全球现场转播让中网更受欢迎、更具媒体价值。从四大网球公开赛的赛事收入占比来看，赛事转播收入占比均较高，这也就意味着四大网球公开赛期间，有大量球迷去现场观赛，还有无数世界各地的球迷通过媒体来关注赛事。中网转播权归属于WTA和ATP，从相关数据可以看出，中网转播覆盖了世界各地，其中欧洲地区的份额最大，中南美洲的份额最小。

（一）电视转播时长

从转播时长看，欧洲地区稳居第一、亚太地区第二、非洲和中东地区第三。2019年，欧洲地区电视转播总时长达到4000小时55分钟52秒，占总时长的61.2%，连续两年成为中网全球转播时长最高地区，时差未能阻止欧洲人收看中网赛事。亚太、非洲和中东、国内、北美、中南美以及欧洲地区转播总时长较2018年增长了304个小时，增长率为300.6%，连续两年成为增长幅度最大地区。其中中南美增长107小时（增长率为254.8%）、非洲和中东增长262小时（增长率为123.9%）、北美增长71小时（增长率为70%）、亚太增长411小时（增长率为58.8%）、国内增长14小时（增长率为4%）。这些数据均表明了中网在亚太地区的影响力逐年提升，全世界范围内的关注度在持续增加。此外，2019年，中网转播信号覆盖33个"一带一路"倡议经济体的国家和地区，总计转播时长达到5061小时48分钟，占全球总转播时长的60.5%。中网在国内的转播时间非常有限，一方面，我国现行的电视转播体制无法获得电视转播权；另一方面，作为国内体育赛事转播最权威的CCTV-5对网球赛事的转播时长并不多。

（二）新媒体的转播

2016年，中网新媒体转播收视2000万人次，新媒体转播收视人次较2015年增长126.60%，36家国内电视台（频道）参与报道，总计新闻近

900条，总计报道时长21小时6分46秒。《新闻联播》持续关注中网赛程、赛果，体现中网赛事的号召力。通过北京电视台主持人网球队与北京电视台建立深度合作，实现北京电视台全频道推广，中国中央电视台高尔夫网球频道对中网赛事的报道数量都创历史新高。

五、品牌赞助商加盟

品牌赞助商加盟使中网更具商业价值，中网也为赞助商品牌传播提供良好平台。中网赞助商按等级分为首席赞助商、钻石赞助商、白金赞助商、独家合作伙伴、供应商。中网赞助商中，不仅出现了世界知名品牌，还形成了稳定的合作关系。不可否认，由于国内网球市场还不够成熟、电视转播权被垄断等，与四大满贯相比，中网赛事收入结构不尽合理，短期内中网赛事发展过度依赖赞助商也是一个必然结果。

六、便捷的交通

北京市是全国公路、铁路航空综合运输和电信网络中心。一是铁路方面，北京通往全国各地的铁路干线有京沪、京九、京广、京原、京包、京通、京秦、京哈、京承等九条干线，成为我国铁路网上大型铁路枢纽之一。二是航空方面，北京不仅是国内民用航空交通的枢纽，也是我国对外往来的国际民用航空中心。北京首都国际机场是全国最忙的航空港，已开通100多条通往国内和世界各大城市的航线，北京大兴机场的投入运营，将会大大缓解航线紧张的局面。北京作为国内第一座修建地铁的城市，地铁与城铁建设日趋完善，2004年，以国务院批准并印发的《中长期铁路网规划》为标志，中国开启了高铁时代。时下，高铁也是多数球迷出行的首选交通工具。从中网研究报告可以发现，中网球迷主要来自北京及其周边地区，而对于这些外地球迷来说，路上花费仅一小时左右时间，甚至一天之内可以来回，大大减少他们的观赛成本。随着我国高铁技术的不断改进，"复兴号"高铁时速为350千米，也就意味着从上海到北京最快仅需4.5小时。相比飞机，高铁以其快速、准时、舒适的优势日益凸显。预计到2030年，中国高铁将建成"八横八纵"的格局，随着高铁的快速发展，中网现场将会涌现越来越多来自全国各地的球迷。

第二节　中网劣势

一、球星缺席或爽约

如前所述，球星是体育赛事的核心竞争力。除四大满贯外，与其他巡回赛一样中网面临着球星资源争夺的问题。按照相关规定，女子世界排名前10的选手必须参赛（特殊情况除外）；男子世界排名前30的选手必须参赛（特殊情况除外）。这就意味着像中网级别的男子赛事，顶级球员参加的可能性并不大。此外，中网是每年九月底至十月初举办，也是国际网球巡回赛的收官之作。一方面，经过近一年的激烈比赛，运动员中伤病情况较多；另一方面，由于赛事密集的"亚洲网球赛季"，赛事主办方在争抢球星上面临巨大压力，特别是"日本东京赛"和"上海劳力士大师赛"，对中网构成"内忧外患"。客观地说，中网女子赛事自升级为皇冠级赛事以来，球员的阵容与四大满贯相差无几，而最大的问题是男子赛事方面，费德勒、纳达尔和德约科维奇作为当今网坛三大主角和赛事的重要"卖点"，截止到2020年，费德勒连续18年被评为"最受欢迎的单打球员"，备受国人喜爱的费德勒却从未参加过中网，但却是上海劳力士大师赛的常客。尽管纳达尔和德约科维奇经常出现在中网，但是他们也常常缺席，2016年以来，德约科维奇选择参加同期举办的日本公开赛。纳达尔也断断续续参加中网，近几年也连续缺席。作为女子网坛领军人物小威已连续5年未参加中网。尽管中网女子赛事仅次于皇冠级赛事，要求世界排名前10的选手参赛，但球星缺席仍然是中网面临的一大难题。2005年，莎拉波娃、达文波特、大威廉姆斯集体退赛；2006年，纳达尔临时退赛；2007年，海宁、库兹涅佐娃爽约，安西奇提前退赛；2011年，乔科维奇因伤爽约；等等，球星缺席和退赛对中网票房无疑是致命打击，这些"跳票"的惨痛经历在同级别赛事中并不多见。2019年，孟菲尔斯对阵伊斯内尔的比赛座无虚席，第二盘比赛时，在没有任何征兆的情况下，孟菲尔斯选择退赛，令球迷大失所望。每年中网选手消极比赛或退赛时有发生，究其原因，一是中网赛事级别不高，尤其是男子赛事；二是中网的举办时间处于网球赛季的末端，选手面临伤病、疲惫的困扰等。当然，也不排除少数男选手把中网当作上海劳力士大师赛的热身赛。2017年上海劳力士大师赛，除德约科维奇和瓦林卡因受伤缺席外，ATP世界排名前10选手都悉数登场，尤其是备受中国球迷欢迎的费德勒和纳达尔，让上海劳力士大师赛的上座率屡创新高。相比之下，中网男子比赛中，除纳达尔和德尔波特罗外，其他明星球员缺席直接影响了上座率。每年中网和上海劳力士大师赛是"背靠背"的赛事，因此，舍弃中网去上海大师赛观赛的国内球迷并不在少数。

二、转播缺乏技巧

在新媒体不断涌现的今天，电视依然是民众收看体育赛事的重要渠道。现场观众与电视观众的体验存在显著差异，现场观众能感受到现场比赛的气氛，电视观众所看的画面是由转播制作人决定的，也就是说，不论观众喜好如何，电视画面都具有机械性和局限性，因而，电视转播的技巧至关重要。我们应当重视网球文化在中国的普及，应当欣喜地看到球迷的观赛礼仪已取得显著进步，难免有少数球迷不懂得，甚至不遵守赛场纪律，作为媒体理应多一些包容，少一些苛刻。即便是四大满贯的现场也有类似的现象发生，况且，有报道称四大满贯将试行球员比赛时允许球场两边球迷进出或走动。而中网电视镜头长时间追踪球迷的"不良表现"，表现出中国媒体在转播方面的专业性有待提高。

细节决定成败。四大满贯赛事转播都由专业化团队负责，注重转播技巧、专注于细节。转播图像多集中在运动员的一举一动或表情上，突出展现球员的个性化特征，如费德勒的从容、纳达尔的专注以及德约科维奇的激情等。当球员休息时，电视镜头会对准球员，给人印象最为深刻的是纳达尔喝水后的矿泉水瓶的摆放，以及发球前的一系列"规定动作"，为观众展示了纳达尔严谨行事这一特征。每逢关键分结束，电视镜头多会捕捉到成功者或失败者团队的教练、亲友的表情。当然，观众也是电视镜头乐于捕捉的对象，轮到换边休息时，各种各样、打扮花哨的球迷成为镜头的焦点，给人以轻松和愉悦的感受。法网转播中，捕捉球员发球过程中双脚起跳时，用慢动作来回放红土被球鞋带起后的场景，给观众以身临其境的感觉，让观众留下了深刻印象，也正是这些一点一滴构建了大满贯赛事的文化底色。球员换边休息时，大满贯赛事会将画面实时地切换到其他场次的比赛，就是为给观众提供更多的赛事画面，表现出大满贯赛事的纯粹性和专业性。与四大满贯不同，中网在球员换边休息或一盘结束时插播广告，往往电视广告结束球赛已开始一会儿，这给观众带来不完整的观赛体验。此外，大满贯组委会为给予现场报道的记者特别关照，设有专门的媒体餐厅，提供更加人性化服务，除法网外，其他大满贯赛事每天还会发给记者一定金额的饭费补贴。

三、球迷不够成熟

中网赛事期间恰逢国庆，中网球迷以年轻人为主，其中不乏家长带着孩子来中网感受气氛。球迷不成熟主要表现在三个方面。一是球迷存在随意走动的现象。按照网球裁判规则要求，观众进入球场落座后，除球成死球或者是球员休息时，球迷才可以起身走动，由于国人对网球规则的了解不深，个别球迷在比赛中出场或换座的现象时有发生，尤其是发球方对面的观众，影响尤为明显，其中主要以老年人和小孩为主。二是小孩子大声喧哗或哭闹时有发生。中网现场有很多是家长带着孩子来观赛，孩子入场后时常发出声音影响了比赛节奏，也干扰了其他观众的观赛体验。三是球迷偶尔使用闪光灯拍照，对比赛存在一定程度干扰。客观地说，随着赛场的现场播报和多年的学习积累，球迷对网球观赛礼仪的认识已有所提高，毕竟，网球作为一项在中国发展不到三十年的运动，其文化的积淀需要一个过程。

第三节　中网机遇

一、中网与多家品牌转播公司合作

2019年，中网共有国内外139家电视台覆盖179个国家和地区，其中，35个国家和地区转播时长超过100小时，其中不乏一些著名电视转播商的参与，全球直播和录播总时长更是高达8374小时。随着国内电视转播权改革的推进，不久的将来，电视转播权将逐步下放，体育赛事的收入将会大幅增加。

二、培养更多年轻人参与网球运动

近年来，中国网球协会制定一系列的培育计划。2014年，中国网球协会与教育部联合推行网球进校园活动，已在上海、成都、云南等市试行。2015年2月，中国网球协会少儿网球发展联盟在北京成立，并举办了少儿网球发展联盟地区赛。2017年，中国网球协会在珠海从供给侧结构性改革出发，打造了业余网球俱乐部联赛，包括注册制和俱乐部制。在教练员建设方面，2018年，中国网球协会推出网球教练员培训班，这些培训班遍布长沙、上海、哈尔滨、成都、南京、泰安、秦皇岛等地，涵盖了初级、中级和高级教练员培训。历经十六个月的精心筹备，由中国网球协会打造的中国网球巡回赛正式启动，2020年，将在全国多个城市举办并贯穿全年，标志着网球运动在我国真正成为全民赛事，其意义深远。一方面，它有助于打造中国自己的网球品牌；另一方面，也为我国竞技后备人才的培养和储备打下基础。我们欣喜地看到，中国青少年网球选手取得的进步。据ITF公布的《2019世界网球调查报告》数据显示，中国的青少年球员数量合计为186位，约占世界总数的2.9%，其中，打进ITF前250名的有99人，前100名的有51人。

三、城市化进程的加快为中网发展提供驱动力

城市化水平与职业体育发展有着最基本的关联，因为职业体育是城市文化和城市生活方式的重要组成部分，没有城市化就没有职业体育发展的平台。现阶段，我国很多省份仍以农业为主，工业化程度并不高。2017年，美国城镇化人口占全部人口的比例为82%，英国为83%，法国为80%，澳大利亚为90%。中国2018年城镇化人口占全部人口的比例为

60%。随着我国城镇化进程的加快，城市的人口越来越多，这为体育赛事消费提供了巨大潜力。

四、中产阶层的扩大为中网消费提供保障

美国职业体育之所以能够繁荣发展，不仅因为它能吸引全球范围内最具天赋的球员，更重要的是它有大规模的中产阶级群体，这个群体的消费文化和生活方式支持了美国职业体育的持续稳定发展。西方发达国家的社会结构往往呈现橄榄形，也就是说中间宽两头窄，社会中处于高收入阶层和低收入阶层的人群占少数，占多数的是庞大的中产阶层。在中国，低收入的群体占大多数，高收入群体和中产阶层群体占比比较少，这就从经济方面解释了为什么网球运动在西方国家那么火爆，而在中国发展相对缓慢的现象。据国家统计局《中国统计年鉴2019》，中国目前90%的人口月收入在5000元以下，其中，有5.6亿人口月收入在1000元以下，月收入在10万元以上的高收入人口有3110万，而月收入人口在5000元至10万元之间的中等收入人口只有1.2亿。据法国国家统计局和研究中心2016年的数据，中产阶层每月收入水平为1350~2487欧元（折合人民币约为1万~2万）。据法国生活水平观察和研究中心数据，法国中产阶层的人口约占总人口的50%。网球作为一项需要一定的经济基础和闲暇时间的运动，更为重要的是需要消费意识。因此，如何引导和吸引更多的中产阶层参与网球消费是一个研究课题。目前，中国的"五一"黄金周、"十一"长假的旅游消费中，中产阶层无疑是其中的主力军。中产阶层的消费习惯在一定程度上与现代消费趋势更加接近，他们追求独特风格的个性化消费来获得愉悦、彰显社会地位，随着中产阶层消费热情与消费力量的增长，他们无疑将引领中国城市消费市场的发展方向。

第四节　中网挑战

一、缺乏本土球星

纵观四大满贯赛事的发展历程，本土选手精彩表现对赛事的培育至关重要。2013年，李娜对阵维多利亚·阿扎伦卡的澳网决赛，收视率创2011年以来网球赛事转播的新高，央视转播收视份额达到7.57%。2019年，大坂直美对阵佩特拉·科维托娃的澳网决赛，日本的NHK电视台创造了2500万的峰值收视率。截止到2018年12月，ATP排名前100选手中，亚洲有4位选手，其中，日本有3位选手。一直以来，中国网球选手呈"阴盛阳衰"的局面，截止到2018年12月，男子选手从未进入ATP排名前100，中国排名最高的男子选手张择位列第225位，吴易昺尽管在大满贯青少年赛事中成绩突出，但转入职业选手排名仅359位，我国男子选手要想在ATP高级别赛事或大满贯中有所突破还有漫长的路要走。

相比男子网球选手，女子选手的排名要明显好得多。截止到2018年12月，WTA排名前100选手中，亚洲有八位选手，中国有三位选手。在李娜退役后，中国女子选手的总体表现较为平淡，2018年，王蔷在外教指导和自己不懈努力下一举夺得了深圳公开赛、江西公开赛冠军，并在武汉网球公开赛和中国网球公开赛上表现出色，也让国人重新燃起对女子网球的希望。在2018年美网决赛中，面对主场作战的美国选手小威廉姆斯，日本选手大坂直美凭借着精湛的技战术和过硬的心理素质，击败小威廉姆斯获得首个大满贯冠军。无论是锦织圭，还是大坂直美，他们都是从小就接受美国网球体制下的训练模式，这一点值得我国借鉴与思考。

二、密集赛事冲淡中网

每年九月之后，便进入亚洲网球赛季（见表5-2和表5-3），持续时间大约为3周，这意味着赛事高度密集，包括泰国赛、马来西亚赛、东京赛、中网、上海大师赛等，"亚洲网球联盟"男子赛事有泰国、北京、印度和东京等4站，女子赛事有巴厘岛、北京、加尔各答、广州、首尔、东京、塔什干和曼谷等8站。除中网外，武汉网球公开赛、天津网球公开赛、上海劳力士大师赛、深圳网球公开赛等，都集中在9—10月在中国举办，像上海劳力士大师赛是ATP 1000赛事，其级别比中网男子赛事高很多，尤其是人气较高的费德勒等选手的参与，让上海劳力士大师赛成为国内球迷最喜爱的网球赛事，然而，上海劳力士大师赛时间也与中网时间有所重叠，这对运动员的体能方面也提出更高要求。当然，女子比赛也同样遇到类似问题，武汉网球公开赛作为仅次于中网的赛事（武网冠军积分为900，中网冠军积分为1000），时间上与中网紧密相连，尽管不影响球员参赛，但对球员的体能提出更高要求，好在中网积分和奖金都比武汉网球公开赛高，而这对武汉网球公开赛来说却不公平，2016年，莎拉波娃在武汉网球公开赛退赛而去北京参加中网就说明这一问题。

表5-2　2018年ATP亚洲顶级网球赛事一览表

赛事名称	赛事级别	举办时间	冠军积分	举办地	场地性质
日本网球公开赛	ATP 500赛	10月1日—10月7日	500	东京	硬地
中国网球公开赛	ATP 500赛	10月1日—10月7日	500	北京	硬地
上海劳力士大师赛	ATP 1000赛	10月7日—10月14日	1000	上海	硬地

表5-3 2018年WTA亚洲网球顶级赛事一览表

赛事名称	赛事级别	举办时间	冠军积分	举办地	场地性质
泛太平洋公开赛	顶级巡回赛	9月17日—9月22日	470	东京	硬地
武汉网球公开赛	顶级巡回赛（超五赛）	9月23日—9月29日	900	武汉	硬地
中国网球公开赛	顶级巡回赛（皇冠赛）	9月29日—10月7日	1000	北京	硬地
韩国公开赛	国际巡回赛	9月17日—9月22日	280	首尔	硬地
塔什干公开赛	国际巡回赛	9月17日—9月22日	280	塔什干	硬地

对于排名较低的球员而言，密集的赛事是件好事，他们可以通过多参赛赚取更多的奖金来维系生存与发展，同时还可以节省体能和一大笔交通费用。当然，对于球迷来说也是件好事，可以不出国门就可以近距离地看到他们心仪的球星，省时又省钱。然而，赛事过于密集给举办国带来诸多不利，其一，这会导致各国在争夺球星方面展开激烈的竞争，也无形之中抬高了球星的出场费，比如，莎拉波娃倾向于参加日本的比赛、费德勒倾向于参加上海劳力士大师赛等。其二，选手连续参赛导致赛事水平下降。很多女选手先是参加武汉网球公开赛后紧接着参加中网，这必然导致球员体能下降，比如说在有些高级别赛事表现不佳，甚至出现"敷衍了事"的情况，中网选手频繁退赛现象就是一个明显的例子，2019年，孟菲尔斯对阵伊斯内尔的比赛，德拉维德球场座无虚席，孟菲尔斯前两盘表现尚可，而到第三盘却突然提出退赛，这让球迷们大失所望。其三，密集的赛事会导致球迷分流。密集的赛事必然导致国内有限的球迷分流，纳达尔参加中网接着参加上海劳力士大师赛，上海周边的纳达尔球迷会选择在上海观赛而非来北京观赛。

第五节　中网SWOT矩阵分析

一、优势—机遇（SO）分析

中网从未停止技术创新的脚步。2017年中网首次使用了VR转播技术。这不仅为观众带来了全新的观看体验，还为赞助商创造了新的广告展示机会。而随着国内电视转播权的改革，赛事转播权的下放将会促使更多的转播商参与进来。此举赋予广告更高的价值，赛事的商业价值也会大幅提升。因此，必须加快脚步，全面深化电视转播权的改革，并与转播台建立长期合作关系，确保能够在全球范围内实时转播。

中网新媒体也处在一个快速发展的阶段，新媒体的快速传播有利于快速吸引对网球了解不多的群体的关注，为大众了解网球运动提供了更多的机会。经济的发展和中产阶层的扩大也为更多人参与网球运动提供经济条件。这也为中网的发展提供坚实的基础。中网本身也拥有着一流的场馆设施，一流的场地和完善的配套设施，可以很好地满足中产阶层的观赛需求，使观众获得良好的观赛体验，从而对网球产生浓厚的兴趣，让更多的人参与到网球运动中，促进网球运动的推广，间接地扩大了中网的影响力。随着更多人的参与，网球比赛的对抗性和精彩程度也会随之提升，并吸引更多的观众，形成了一种积极的"滚雪球效应"。进一步扩大中网的影响力，也将赋予中网更高的商业价值。

二、优势—威胁（ST）分析

本土选手的精彩表现是赛事培育的重要方面。在ATP排名前250选手中，中国男子选手只有几位，并且排名相对靠后；在WTA排名前100选手中，中国女子选手有3人，但依然未达到世界顶尖水平。总体来看，中国本土球星稀缺，并且缺乏争夺世界冠军的顶尖强者。当然，这与我国网球的训练体系以及大众对网球运动的参与度有关。值得庆幸的是，随着城市化的快速发展和媒体的传播，网球运动的知名度大大提高。中产阶级的扩大也为网球运动注入了大量的新鲜血液。更多的网球场馆也为大众参与网球运动提供了便捷的机会，这有助于形成更为科学的训练体系，也更容易培养本土球星。中网面临的另外一个挑战是密集的赛事。除中网外，武汉网球公开赛、天津网球公开赛、上海劳力士大师赛、深圳网球公开赛等，都集中在9—10月在中国举办。像上海劳力士大师赛是ATP 1000赛事，其级别比中网男子赛事高，尤其是最具人气的费德勒连续参赛，让上海劳力士大师赛成为国内球迷最喜爱的赛事。中网与上海劳力士大师赛之间尽管存在竞争，却也有相互支撑的地方，比如，上海劳力士大师赛能吸引到顶级男子选手参加，而这些顶级男子选手就会考虑参加中网。因此，在亚洲网球赛事期间，中网与其他网球赛事之间要加强沟通，切不可"各自为战"。中网应当采用一些措施，比如，提高奖金、给予特别照顾等，来吸引球星。只有吸引到球星的参与，比赛的精彩程度才会不断提升，从而确保观众的喜爱和赛事的商业价值。

中网举办地在首都北京。便捷的交通方式为中网带来了竞争优势。北京作为国内第一个修建地铁的城市，地铁与城铁建设日趋完善。从中网研究报告中不难发现，中网球迷主要来自北京，其次是天津、河北等周边地区，对于这些地区的球迷来说，路上花费仅一小时左右时间，甚至一天之内可以来回，大大减少观赛成本。

三、劣势—机遇（WO）分析

就体育赛事而言，球星之间的精彩对决是吸引观众的关键因素。中网具有一流的场馆设施、频繁经典的对决和不断提升的媒体价值等优势，但是如果球星频繁退赛，那么即使再优秀的场地和配套设施也无法吸引观众；在缺乏球星的情况下，精彩的对决自然也难以出现，媒体价值也会大打折扣。因此，确保球星的出场并防止他们中途退赛是中网需要面对的重要问题。随着媒体价值的不断提升，顶级球星也将有着更高的曝光率。一些处在职业生涯低谷的职业选手会更加希望通过高度的媒体曝光来提升自己的名声和影响力。中网可以利用这一点，邀请这些选手加入，以提高赛事的激烈程度和选手知名度。这在短期内将是一个有效的措施。同时，我国也要尽快培育本土球星，提高本土球星的竞争力。经济的发展和城市化进程加快使得这一目标成为可能。只有培育出属于自己的本土球星，才能够有力地吸引国内观众，这将是个漫长的过程。

在直播过程中，观众不够成熟的行为和转播技巧的生疏为观众的观赛带来了不好的体验。而通过与国外电视台的合作，能够很好地学习到国外的转播经验和转播技巧，可以大幅提升转播效果，吸引更多的观众。

四、劣势—威胁（WT）分析

在本土球星稀缺的情况下，如果外国球星也缺席比赛，中网将会失去吸引观众的看点。观众既无法欣赏到精彩的对决，也无法为本土球星加油助威。由于球星可能会参加同时期举行的其他比赛，观众将会被分流出很大一部分。因此，中网必须尽量避免这种情况的发生，尽可能地邀请球星参赛来吸引观众。同时，不成熟的转播技术也可能会影响比赛直播的质量。例如，中网电视镜头长时间聚焦球迷的"不良表现"，这反映出中国媒体在转播方面的专业性有待提高。我们应当正视网球文化在中国的缺失，也应当欣喜地看到球迷的观赛礼仪已取得显著的进步，难免有少数球迷不了解、不遵守赛场纪律，作为电视媒体理应多一些包容，少一些苛刻。从这个角度来看，中国媒体需要进一步学习和借鉴国外的转播经验和转播技巧。只有这样，在与同时段的赛事竞争时，中网才能获得领先地位。

第六章　中网本土化发展优化策略

　　职业体育市场支撑系统的结构重塑，涉及政府职能转变、电视转播等媒介通道建设，以及青少年人才体系与国家队建设等。我国著名球员朱琳说过，大满贯赛事与一般巡回赛有着本质的不同，大满贯赛事有着百年的历史沉淀、良好的商业运作、浓厚的群众基础。不管是在球迷心中还是在球员心中，大满贯赛事都具有网球殿堂般的地位。相比之下，中网作为一项仅有近二十年发展历史的赛事，在巡回赛中已经表现得很出色，且做得一年比一年好。然而客观地说，中网与四大满贯还存在一定的差距。中网可以在如何吸引更多球迷来观看网球比赛、传播网球文化、普及与推广网球运动等方面上下功夫，包括争取培养更多本土球星，邀请大牌球星加盟等，这些都是中网有待进一步去提高和改进的地方。为此，在借鉴四大网球公开赛的成功经验基础上，结合中网SWOT分析以及我国实际情况，优化中网本土化发展策略。

第一节　锚定目标提升中网品牌竞争力

　　四大网球公开赛之所以在众多职业网球赛事中脱颖而出，无疑与其品牌竞争力有关。中网创办之初的目标就是打造"第五大满贯"，为此，中网必须逐步在国内、亚洲乃至世界提升自身的竞争力。

一、中网品牌核心力

品牌是企业最重要的资产之一，而品牌竞争力的一个重要特征就是品牌价值占无形资产的比例很大，有时甚至高达90%。职业网球赛事作为一种特殊产品，其产品与服务是一体化概念，旨在满足消费者特定需求。市场经济下的特点是市场竞争，市场竞争是多层次、多方面的，而服务竞争贯穿始终，优秀的服务能够取得丰厚的回报。品牌竞争力是品牌在市场上具有影响力大、占有率高、附加值高、生命周期长的深层次原因。产品的生命周期有限，而成功的品牌却可以经久不衰。发展至今，温网有147年历史、美网有143年历史、法网有133年历史、澳网有119年历史。品牌建设与管理是一项"长跑"工程，需要持久的耐力和科学的方法。四大满贯正是一年又一年地日积月累才打造成世界知名品牌。

（一）打造中网核心产品，提高品牌知名度

赛事品牌、奖金、球员水准等构成体育赛事的核心内容，品牌最主要的价值是它的产品，于是，网球赛事水平的高低决定了产品优劣。从体育赛事属性看，职业网球赛事属于体育竞赛表演业。因而，体育赛事既有竞技性，又有表演性。如果将职业网球赛事比作为"舞台"，那么，国际网球管理机构就是"导演"，球员就是"演员"，球员水平高低是决定这场演出成功与否的重要因素，换言之，球星或高排位选手是构成赛事的核心竞争力，本土选手的崛起也至关重要。为此，为提高赛事的吸引力，一方面，中网组委会要通过支付额外费用来邀请巨星参与；另一方面，中网组委会通过"以情化人"的方式留住高排名选手。当然，最为重要的还是要加大对中国青少年网球选手的培养。

（二）提升中网服务水平，提高中网美誉度

满足消费者的需要是品牌竞争力的核心载体，是品牌竞争力的基础部分。职业网球赛事的品牌竞争力主要体现在产品和服务两个方面。服务是一种无形的产品，是维系品牌与顾客关系的纽带，随着产品同质化程度的不断加剧，打造优质的品牌服务体系、为顾客提供满意的服务越来越成为品牌差异化战略的重要武器。人类社会进入体验经济时代，为球迷提供一种全新的体验和感受就是品牌竞争力的表现之一。"体验经济"的概念在中网赛场得到全面强化，以精准、细分的赛事服务保障各类人群获得满意的赛事体验，进而保障赛事品质全面提升。依据不同的体验人群，赛事服务细分为球员服务、观众服务、赞助商服务和媒体服务四大项。每一个大项中又依据不同体验人群的参赛（观赛）需求，精准细分为若干小项和细项。如球员服务，细分为入境服务、交通服务、酒店服务、赛场服务、安保服务等。针对每一个细项均设置专门的团队负责保障，并通过部门目标责任制的方式形成制度化、规范化的管理体制。

这是一个服务至上的时代，澳网赛事口号为"第一印象就是唯一印象"。澳网精细化服务受到球员、记者以及球迷一致好评。对于赛事而言，在澳网，球迷被视为上帝。赛事组织者为他们提供了各种便利和关怀，包括市中心到球场的免费有轨电车服务、赞助商提供的免费护肤护发用品、为球迷提供免费化妆服务等。对于记者，澳网提供了周到的服务，包括配备液晶显示器的书桌、宽敞的储物柜、无线网络、媒体餐厅和班车服务。考虑到记者的健身需求，赛事还专门设计了淋浴房。对于球员，澳网赛事总监克雷格·泰利表示，他的团队花了一年时间与选手、教练及其团队进行深入讨论，了解他们的喜好。这种以球员为中心的服务理念，使得费德勒、科贝尔等球星将澳网誉为"快乐的大满贯"。总之，澳网通这种服务至上的理念，值得中网学习和借鉴。

二、中网品牌忠诚力

体育赛事的品牌资产涵盖了多个方面，包括赛事的核心理念和宗旨、顾客群体对品牌忠诚度、赛事营造的氛围、媒体传播渠道以及赛事赞助等。其中，顾客群体对品牌忠诚度的培养是品牌资产的核心部分。一个成功的体育赛事往往伴随着广为流传和令人津津乐道的故事，而这样的故事需要时间来孕育和发酵。网球作为一项运动，其对青少年的关爱是其重要的附加价值。中网通过设立"公益日"，将公益活动贯穿赛事的推广期和赛期，并融入各种活动中，为商业合作伙伴提供了一个独特的品牌展示的平台。观赛体验是衡量赛事水平的重要标准，通过提供优质的观赛体验，赞助商能够更好地与观众建立联系，增强品牌影响力，从而实现品牌资产的增值。

时至今日，赞助商的营销策略已远非仅在比赛场上展示广告牌那般简单。中网巧妙地将赞助商的产品和服务自然地融入赛事的各个环节。这种策略让观众在享受观赛的同时，也加深了对赞助商的品牌印象，从而产生一种积极的"化学反应"。

首先，中网发展了一种新的营销模式——全年化多链条的营销平台。2016年，中网与所有赛事赞助商联合成立了"中网赞助商俱乐部"。这一新起点标志着中网赛事营销平台的价值维度的提高，探索出一条由单线条向纵横交织的营销新模式。其次，中网致力于营造新的观赛效果——钻石球场的智能化蜕变，打造震撼的光影殿堂。自2011年落成的钻石球场，如今经历了又一次华丽的转变：炫彩的氛围灯光、持续改进的音响效果，尤其是全方位LED智能屏幕系统的引入，这是国内赛事首次大胆革新性地使用全场馆LED系统。赛事赞助商利亚德提供了超过650平方米的国内顶级屏幕设备，与全球顶级的信息系统服务团队SMT制作的精良信号相结合，为观众呈现了一场场光影盛宴。赛会官方团队与赞助商执行团队的紧密合作，进一步增强了网球赛事的娱乐性。无论是国庆节当日开幕式上的震撼灯光表演和清澈的童声，还是球员入场时的炫酷时尚的装扮都为观众带来了全新的视听享受。这些全新的视听效果不仅提升了观众的观赛体验，也为商业合作伙伴的品牌展示提供了更优质的载体，以及更具有延展性、创新性和传播性的介质。通过这些举措，中网成功地将赞助商的营销活动与赛事的每个环节紧密结合，实现了品牌与赛事的共同增值。

三、中网品牌文化力

中国商业联合会理事会前会长张志刚强调，资本可以使企业做大，文化可以使企业做强。长期以来，四大网球公开赛都形成了独特的赛事文化。文化是品牌的内涵和生命。因此，中网作为一个国际化品牌，就必须打造属于自己的赛事文化。在很长一段时间内，网球运动在中国尚未形成广泛的文化热潮。应该说，在网球文化积淀方面，上海劳力士大师赛一直注重这方面建设。2007年，上海劳力士大师赛为参赛的8位选手制作一尊几乎同真人等高的雕像，引起了国内外媒体的广泛关注，职业男子网球联合会（ATP）更是将这八座雕像运至温布尔登博物馆做永久收藏。2009年，上海劳力士大师赛永久落户上海之后，赛事主办方着眼于网球文化的推广和积淀，决定借用"雕像"这一极其鲜明的中国文化符号，每年为上海劳力士大师赛的冠军制作一尊雕像。2011年，由《网球天地》杂志发起，旨在表彰为我国网球发展作出突出贡献的人物，首届"天地英雄"在北京揭晓。同年，"中国网球名人堂"博物馆正式建立，值得一提的是，李娜将澳网亚军签名耐克T恤衫捐赠给"中国网球名人堂"博物馆收藏。无论是"天地英雄"评选，还是"中国网球名人堂"博物馆建立，无不反映中网注意到网球文化积淀对赛事发展的重要性。品牌文化不但要具备精神内涵，还要从营销策划、促销活动、广告宣传、客户关系等方面进行整合，让消费者能够体会到品牌的精神、个性和文化内涵。温网、法网和澳网都有自己的博物馆，此外，温网还有自己的图书馆。四大网球公开赛都发行了与赛事相关的邮票，如以澳网的品牌标识为背景的邮票、以著名网球运动员苏珊·朗格伦的网球动作作为背景的邮票等。遗憾的是，诸如发行具有中网元素的邮票之类活动还没能引起重视。尽管有关方面已注意到并着手打造中网赛事文化，但还是存在责任主体不明确、特色不鲜明等问题。民族品牌的战略核心是文化的本土化，品牌影响力的扩张是通过品牌文化的本土化完成的。品牌文化定位一定要对市场和不同的消费者群体进行深入细致的调查分析，从该群体的性别、年龄、知识结构、文化背景、心理状态、收入层次、消费观念、消费偏好和消费能力等多方面进行综合分析评价，找出其共性，并以此共性为依据，确定品牌的特征。

赛事文化需要时间积淀，四大满贯都有百余年的历史。正是在这漫长的发展历程中形成了独特的赛事文化，而对发展只有近二十年的中网谈赛事文化也不切实际。诚然，在中网赛事品牌文化建设过程中，法网具有较强的借鉴意义，如法网比赛中球员介绍和报分全部使用法语。中网在未来发展中必须坚定文化自信，如在中网比赛中对球员的介绍和比分呼报时使用汉语。法国网球协会主席指出，中国要开发自己的网球品牌，也需要实现以中国文化、生活方式等为基础的多元化发展。赛事品牌必须具备原产国的特征，如法国红酒代表法国感性形象和浪漫、意大利服装代表着意大利的优雅。品牌名称要适应目标市场的文化价值观念，中网品牌要走出去，必须有文化。文化差异是影响品牌国际化成败的重要因素，作为儒家文化的发源地，我国与欧美国家在语言、宗教信仰、教育水平、审美观、价值观、风俗习惯等方面存在巨大的差异。因此，中网应该在继承和发扬中华优秀传统文化的基础上，形成具有中国特色的赛事文化。

四、中网品牌领导力

中网品牌"三步走"战略，即中网首先成为国家品牌，再逐步发展为亚洲品牌，最后发展为国际品牌的三步走战略。这一战略的制定基于诺贝尔经济学奖获得者的研究，该研究发现在完全竞争市场中，行业前四名的企业产值之和占行业总产值的75%以上。从职业网球赛事来看，四大满贯完全符合这一规律，包括其他如戴维斯杯、联合会杯、年终总决赛等都无法与四大满贯抗衡。现代营销的特点就是创建差异化品牌，如此之下，中网提出差异化发展战略。毫无疑问，四大满贯已是全球知名的品牌赛事，但是依旧注重品牌建设，澳网通过定制化的节目制作，针对全球200多个国家和地区转播，以期满足不同地区球迷需求，这有利于澳网品牌在全世界的推广。

中网要以品牌建设作为其核心竞争力之一，通过品牌差异化经营来取得竞争优势。四大满贯不同场地性质就是其差异化发展的一部分，正是不同场地导致很多不确定因素，也制造了不少悬念，才使得每年的大满贯赛事始终令球迷充满期待。除此之外，长期形成的赛事文化特色也是品牌差异化的重要方面，比如，温网的衣着要求、法网没有夜场和鹰眼等。

第二节 抢抓机遇扩大中网市场

一、兴办网球赛事，助力体育强国建设

建设体育强国是体育发展的最高战略目标。近年来，国家先后发布《关于加快体育发展产业促进体育消费的若干意见》《关于加快发展健身休闲产业的指导意见》《体育强国建设纲要》等一系列文件。新中国成立以来，党和国家领导人都十分重视体育，特别是党的十八大以来，习近平总书记高度重视体育事业发展，对推进体育强国建设作出一系列重要论述。2017年8月，习近平总书记在会见全国体育先进单位和先进个人代表时强调："体育强则国家强，国家强则体育强。发展体育事业不仅是实现中国梦的重要内容，还能为中华民族伟大复兴提供凝心聚气的强大精神力量。"2019年9月，习近平总书记会见中国女排代表时指出："实现体育强国目标，要大力弘扬新时代的女排精神，把体育健身同人民健康结合起来，把弘扬中华体育精神同坚定文化自信结合起来，坚持举国体制和市场体制相结合，不忘初心，持之以恒，努力开创新时代我国体育事业新局面。"习近平总书记的重要论述既指明了我国体育事业的发展方向，也高屋建瓴地提出了一系列改革举措。

当前，我国已成为世界第二大经济体，随着城市化进程加快，而北京作为政治、文化、外交等中心，有着天然的人才吸引力，据"2019年最具人才吸引力城市100强"榜单，北京市人才吸引力指数为78.7，位居第三。2019年，我国中等收入阶层达1.2亿人。中产阶层的消费水平在一定程度上与现代消费水平更加接近，他们追求自我表现、独特风格的个性化消费，同时在消费过程中获得愉悦，我国中产阶层业已表现出的消费热情与

消费力量将引领我国城市消费的市场走向。种种迹象表明，体育消费正在中国大地逐步升温，有理由相信，会有越来越多的人走进中网赛场。

2018年，国务院办公厅印发《关于加快发展体育竞赛表演产业的指导意见》中指出，支持自主知识产权赛事的发展和成长；2019年，国务院办公厅印发《体育强国建设纲要》明确指出，推动有条件的运动项目打造涵盖职业、商业和群众性赛事的多层次、多样化的体育赛事体系。在体育强国建设背景下，中网迎来这利好的发展机遇。2019年12月，中国网球协会官方网站上刊发了一则新闻，标题为"中国网球开启新时代篇章——中国网球巡回赛来袭"，中国网球巡回赛的诞生，标志着中国有自主品牌赛事，也是与现有国际赛事形成了有效的连接。对于我国网球项目发展而言，中国网球巡回赛的开启无疑具有划时代意义。历经16个月的精心筹备，由中国网球协会主导并由多个地市承办的中国网球巡回赛（CHINA TOUR）将贯穿全年。可以这么认为，中国网球巡回赛既是本土品牌赛事，也是中国网球公开赛系列赛一部分。中国网球巡回赛主要由CTA 1000、CTA 800、CTA 500和CTA 200四个级别的赛事组成。其中CTA 1000、CTA 800是专业运动员或职业运动员的主战场，而CTA 500、CTA 200是业余运动员的主战场。应该说，这种梯度式的赛事设计，有利于网球运动的普及、有利于后备人才的培养和储备，更是打通了从业余到专业再到职业运动员的上升通道。诚然，如果赛事不能吸引到高水平运动员的参与，仅仅依靠国内赛事来培养运动员走向国际赛场是不现实的，不可否认，职业球员可以通过这项赛事来获取有限的奖金和经验。然而，人才培养是个系统工程，赛事是重要载体，而科学化训练、打造科研团队等，都需要同步协调发展。打造"国家品牌赛事"应该成为本土赛事的根本出发点，这就需要长远规划和时间积淀，避免急功近利的心态，可以从规范运营、创新形式、做好服务等方面着手。可以说，中国网球巡回赛是网球人才培养模式的新探索。

二、提升赛事品质，确保中网上座率

上座率是一项体育赛事成熟的标志，也是赛事收入的重要保证，还为赞助商所看重。上座率不高是当下中国职业网球发展的痛点与难点。以2019年为例，四大网球公开赛的现场观众都超过50万人次，澳网78万人次，而中网仅18.7万人次，正是源源不断的球迷支撑四大满贯不断发展壮大。

造成中网赛事上座率不高最重要的原因之一就是缺乏顶级球星和本土球员的参与，尤其是男子赛事。中网男子赛事是ATP 500，不论是赛事积分，还是赛事奖金，自然很难吸引到顶级球星的参与，为了提升中网男子赛事水平，组委会竟然每年花费约300万美金邀请顶级选手参赛，当然，这也是职业网球赛事发展初期的一贯做法，即便是通过高价邀请来的球星也很难保证比赛的精彩，中网球星频频退赛就是例子。过于密集的赛事，导致各个赛事为了争夺有限的球星资源而展开激烈竞争，对于球星来说多数是为了奖金而参赛。此外，中网又是年底进行，经过近一年的比赛，很多球星伤病缠身，进而很难在赛场上发挥出应有水平，爽约自然也是情理之中。2016年武汉网球公开赛，很多球迷购买门票就是想一睹莎拉波娃的风采，然而，先是传言莎拉波娃缺席，后来可能是迫于主办方、球迷和赞助商等多方压力，莎拉波娃关键时刻还是出场了，遗憾的是莎拉波娃只是打满了一盘就"因伤"退赛，接着又去北京参加中国网球公开赛。2019年，中网男单第二轮伊斯内尔对阵孟菲尔斯的比赛，德拉维德球场座无虚席，然而，第二盘刚刚开始，在毫无征兆的情况下，孟菲尔斯和裁判说自己受伤，随后主裁判宣布比赛结束。莎拉波娃、孟菲尔斯作为职业球员，此种行为对球迷来说是不公平的，更不利于培养我国球迷群体。

顶级球星是体育赛事核心竞争力，是球迷追逐的对象。为此，中网组委会应想方设法提升男子赛事级别，试将男子赛事升级为大师赛级别。一方面，要抓住当前全球发展的机遇，探索从加拿大蒙特利尔或意大利罗马购置 ATP 1000 赛事举办权的可行性，进一步提升中网赛事的级别，扩大赛事国际影响力，为打造网球"第五大满贯"赛事奠定基础。另一方面，加快本土球星培养。梳理四大网球公开赛发展历程不难发现，不论是过去，还是现在，本土球星都发挥了重要作用，澳网在不同发展阶段，本土球星的作用功不可没，澳大利亚网球明星罗德·拉沃尔不仅创造了网球历史，还为澳网赢得国际地位发挥了重要作用，直到如今，罗德·拉沃尔依然活跃在世界网球舞台。美网亦是如此，不同年代的本土网球明星，都为美网发展贡献了力量。澳大利亚网球协会前主席史蒂夫·希利指出，在球员发展计划上，需要明确偶像的榜样和示范作用，需要更多的选手为孩子做出榜样，因为孩子的成长需要更多的精神动力。诚然，就体育赛事而言，本土球星也是上座率和收视率的保障。2012 年，据中网组委会在发布会上透露，李娜对阵莎拉波娃的女单半决赛，钻石球场上座率达 95%。2013 年，李娜对阵阿扎伦卡的澳网决赛，收视率创2011 年以来网球赛事转播的新高，央视转播收视份额为 7.57%。1986 年，为帮助年轻球员成长，国际网球联合会（ITF）创建了大满贯发展基金（简称 GSDF），近 40 年来累计投入超过 5500 万美元。中国网球协会也应竭力为国内有潜质的年轻球员争取资金，以帮助他们快速成长。

三、拓展宣传渠道，扩大中网影响力

尽管中网创办近 20 年，但网球在我国仍然属于小众项目，加上网球技术难以在短时间内掌握、比赛规则复杂等客观因素，导致网球运动的普及与发展较为缓慢。除赛事期间，鲜有中网相关报道，而作为中国网

球公开赛赛事网站建设也很简单，因而中网在国内的实际影响力非常有限。为扩大中网社会影响力，可以尝试以下途径。

首先，通过借助网球主题的电影或动漫片来宣传网球运动。2000年，日本漫画家许斐刚出版了以运动为主题的漫画，深受青少年青睐，其中，《网球王子》就是力作。2018年深圳网球公开赛，日本球星西冈良仁夺得冠军，西冈良仁在赛后接受采访时表示从小看着《网球王子》动漫长大的，深受《网球王子》动漫的影响而立志从事网球运动。其实，在日本很多孩子受《网球王子》影响并拿起球拍走向网球场。2019年底，由著名导演陈可辛开拍的《李娜传》在国内上映，也引起了不小的轰动，这既是一部人文纪录片，也是一部以网球为主题的电影。拍摄过程中，摄制组特地邀请李娜到现场指导，毫无疑问，《李娜传》的播放会在国内引起强烈反响，也将为网球这项运动在我国普及推广起到积极作用，进而让更多的人了解网球运动、了解英雄故事。当然，对于青少年群体而言，其效果不如动漫片好。

其次，加大国内媒体对中网宣传报道的力度。21世纪，人类进入信息化时代，信息来源渠道呈现多元化。2016年，中网新媒体转播收视人次较2015年有小幅度的增长，36家国内电视台（频道）参与报道，总计新闻899条，总计时长21小时6分46秒。可以看出，中网新媒体转播大幅增加，参与中网报道的电视媒体多达36家，而总时长仅21小时左右，这就意味着很多电视台"蜻蜓点水"般地播报中网。中网宣传可以从以下两个方面着手。一方面，增加中央电视台体育频道或高尔夫网球频道等主流媒体播放网球赛事时间，特别是直播中网的时间；另一方面，在中网举办前几周，可以通过多种新媒体等渠道来宣传网球运动，也可以举办以中网为主题的业余网球赛事来为中网预热。

最后，完善中网官方网站建设。网站作为品牌对外输出的重要窗口，具有持久性、便捷性与直观性等特点。四大网球公开赛历来注重网站建设，为方便中国球迷，美网和澳网甚至开通专门的中文网站。四大网球公开赛官方网站主要围绕赛事文化、赛事资源、赛事历史、赛事赞助商等方面，球迷通过四大网球公开赛官方网站可以很好地了解此项赛事。中网网站作为连接用户与中网赛事的网络桥梁，也发挥了重要作用，比较发现，中网网站在建设上存在一些问题，比如内容非常简单、缺乏应有链接、中网赛事相关信息不多、缺乏对顾客精细化需求的服务链接等，网站似乎更多突出了赞助商信息。就中网网站未来建设而言，一方面要完善网站内容并及时更新；另一方面网站内容要凸显中网赛事的纯粹性。遗憾的是，中网官方网站建设较为薄弱，网站内容陈旧，信息量也不大，且网站功能也较为单一。

四、普及网球运动，培育球迷市场

体育赛事应该以观众为中心。体育市场最终的目标是观众，观众进入赛场看比赛进行消费，只有引导良好的消费环境才能使消费者彻底投入体育消费市场当中来。培育中网市场，确切地说就是吸引和培养更多网球爱好者或球迷来关注和消费中网赛事。诚然，中网赛事成功与否，与网球这项运动在中国普及程度密切相关。2016年，值中网十三年之际，《人民日报》评论文章指出，经过十余年的发展，中网的硬件条件不断升级、赛事组织服务日益优化，已具备相当的人气。更重要的是，赛事逐渐凝聚起人们对网球运动的关注和认同，为国内网球文化的发展提供了土壤。历经十余年的发展，中网为国内顶级网球赛事树立起一面旗帜，但这面旗帜飘扬的高度，取决于网球的热度，而这，或许是中网未来十年甚至二十年的艰巨使命。2010年，英国网球人口由2003年的300万增加到500万，英国现有130万业余网球选手，其中43万是青少年选手，全国拥有800多所高水平的网球俱乐部，并在学校推广网球课程。英国现有室内网球场1350片，公园内室外球场3300片。法国拥有6000多片网球场。由此可见，庞大的网球人口有力地支撑大满贯市场，中网发展壮大必须提升国内网球人口。

体育赛事本质上是一种双边市场活动，涉及运动员、教练员、裁判员、科研人员和志愿者等多方主体的密切合作，共同创造出网球赛事资源。赛事资源是供给方，球迷是购买方。与市场商品不一样的是，体育赛事的赞助商和媒体既是供给方，也是购买方。对于赛事主办方而言，赞助商通过付给赛事主办方一定赞助费来获取现场的展位，而球迷则通过赞助商的赛事广告了解企业或公司产品。同理，媒体通过购买赛事转播权为非现场球迷提供赛事的内容，从而获取价值。赞助商更多关注的是目标受众的基本特征，比如，他们的年龄构成、兴趣、职业及受教育程度等。而媒体转播看重更多的是赛事的质量。因此，体育赛事中，无论是现场观赛的球迷还是通过媒体收看的球迷，他们都是体育赛事的消费者，是体育赛事的生命力源泉。体育赛事一方面要生产能够满足观众的赛事产品，另一方面还要考虑如何实现赛事产品的价值。换言之，球迷就是职业体育的基石。为此，中网在培养球迷方面可以从以下三方面着手。

首先，加快网球场馆建设。改革开放以来，随着我国经济快速发展，网球场地如雨后春笋般涌现，尤其是经济发达的地区。截止到2019年10月，粗略估计我国网球场地近5万片。网球场馆数量大幅提升，而人均场地数却远落后于欧洲和北美洲。近年来，随着郑钦文、李娜、郑洁、孙甜甜和李婷等在国际大赛中的优异表现，加上国内频繁举办高水平的网球赛事，中国网球人口大幅提升。2005年，我国网球人口（指打过一次网球）仅180万左右，到了2010年底，网球人口增加到800万左右，增加了近3.5倍，据国际网球联合会（ITF）所公布的数据，2019年，我国网球人口近2000万，尽管国际与国内网球人口统计的方法可能存在差异，但网球人口大幅增加却是一个不争的事实。需要指出的是，近年来我国网球人口虽快速增长，但这些新增的网球人口中还没能养成观看比赛的习惯。国家体育总局发布的《2007年中国城乡居民参加体育锻炼现状调查公报》显示，从体育消费项目来看，运动服装占91.9%、体育器材占46.8%、体育书刊占19.2%、场馆费用占16.7%、观看比赛占7.2%、其他占2.7%。由此可见，国人体育消费绝大部分在购买运动服装上，而观看体育比赛费用仅为7.2%。从严格意义上说，网球在中国快速发展时间较短，因此，国人对网球这项运动了解不够和参与度不高是可以理解的事。国际网联主席大卫·哈格蒂表示，每年全球投资约1000万美元，旨在提升网球人口和培养网球人才。中国网球协会应当抓住这难得机会，积极争取资金以普及网球运动和培养后备人才。如前所述，中网在场馆数量和容量方面可与四大网球公开赛相媲美，但一些配套设施还有待完善，如球迷广场、球迷与工作人员餐厅、工作人员的活动室等环境较差，国家网球中心附近的环境也需要进一步提升。

其次，在学校开设网球课程。相比四大网球公开赛现场球迷，中网球迷主体比较单一，如何吸引更多青少年参与中网至关重要。2006年，在中国网球协会的倡议下，上海、成都、昆明等城市率先在中小学开设网球课程。网球被列入2020年全国中考考核项目，有理由相信，未来会有越来越多的中小学生拿起球拍走向网球场，走到阳光下。此外，全国体育院校和师范类体育专业几乎都开设网球专项课，为中小学开设网球课程提供师资保障。

最后，充分调动地方网球协会积极性。四大网球公开赛举办地网球普及如此高效得益于国家网球协会和地方网球协会。除必要的开支，四大网球公开赛通过地方网球协会将绝大部分的盈利资金回馈到社会，用于社区、学校的建设和裁判、教练员的培养，旨在让更多人参与网球运动。协会制的实质是会员制，没有实体化的协会，作为团体会员的地方协会就难以建成，而一个覆盖全社会的、广泛的个人会员体系就更加难以形成四大网球公开赛。长期以来，我国国家网球协会与地方网球协会之间缺乏有效联系，加上国家网球协会不能像四大网球公开赛国家协会那样提供充分的资金支持，地方网球协会长期处于孤军奋战的状态。四大满贯的成功经验表明，正是非营利性体育组织的网球协会发挥决定性作用，使得网球运动在举办国深入人心。因此，如何有效利用好地方网球协会来开展体育赛事、培训和宣传活动，变得尤为迫切与重要。

第三节 开源节流增加中网营收

职业体育赛事的本质是商业化。中网作为一项职业网球赛事，无疑，商业化程度决定了其发展高度。应该说，历经近20年发展，中网在商业化的道路上越走越顺。尽管如此，中国职业体育市场还很脆弱，缺乏可"复制"的赛事运营成功模式。客观而言，中网在发展中存在诸多困难，尤其在运营团队、赛事成本等方面亟待优化。

一、降低中网赛事成本

中网营收不足，一方面是自身的盈利能力有限，另一方面是办赛成本过高。四大满贯每年都能获得丰厚的利润，很大程度上得益于其专业化团队运营。客观地说，与四大满贯相比，中网运作团队存在明显差距，甚至与上海劳力士大师赛运作团队也存在不小差距。中网运作团队人数方面，约为上海劳力士大师赛的2倍，庞大的运作团队既费钱，也影响管理的效率；在志愿者人数方面，中网也较少，而一项成熟赛事的重要标志之一就是大量志愿者的参与，同时，进一步表明了中网的运作人力成本很高，很多工作都是需要付费的。目前迫切需要学习上海劳力士大师赛的成功经验，努力打造一支组织管理高效的中网赛事营销团队、法务团队和推广团队等。

盈利是职业体育赛事的核心目标之一。办赛成本过高是制约中网发展的重要原因之一。中网在场馆使用上采用的是"赛时短期租用"的模式。这种将赛事运营与场馆运营分离的做法，造成合作各方因经营目标不同，无法形成利益共同体。这种情况不仅严重影响了赛事成本控制，造成赛事运营成本虚高，同时也严重制约了场馆设施的完善及运营效益的最大化。中网在场地租赁及制作费、赛事推广费及赛事税金等其他运营成本方面远远超过上海劳力士大师赛。在北京市政府和朝阳区政府的支持和协调下，一方面，中网可以与场馆建设业主签署长期低价租赁合同。比如，在上海市政府协助下，上海劳力士大师赛与旗忠森林网球中心签署了低价的长期合同，赛事场馆租金较低。另一方面，中网可以与场馆业主单位合资成立新的中网总公司，整合国家网球中心与奥林匹克森林公园体育园的资源，打造"中国网球产业总部基地"，开展以中网赛事为龙头的一体化网球产业链综合运营活动。

二、挖掘中网附加值

温布尔登小镇利用温网这个顶级国际赛事为中心，以体育产业为基础开展青少年网球培训体系、网球会展、体育装备制造、各种体育俱乐部以及大众体育项目。这些项目不仅带动旅游业、服务业的发展，还推动了原有产业整体转型升级，例如，传统旅游业通过加入培训升级为体验式的体育旅游，制造业则升级为生产研发基地。同时网球主题餐厅，主题酒店比比皆是，这些与其他产业融合，拉长了产业链，增加了附加值，形成了一个体育产业闭环。中网要转变其赛事理念，树立全产业链的运营理念，主要体现为赛事产品开发、赛事文化塑造、赛事版权授权、冠名权的获取、培训项目的开展以及各种衍生品的综合开发与利用。中网运营团队应发挥其资源优势，依托国家网球中心打造多层次、多样化网球产业链。中网不断尝试多种途径来拓展公司日常业务，据北京中国网球公开赛体育推广有限公司副总裁刘明秋介绍，2020年，举办了中网级别联赛、EMBA团体赛、拉萨巅峰挑战赛以及中网西藏公益行活动；2021年，创办了钻石杯青少赛等子品牌业余赛事，并举办了"网球中的红色记忆"文化展，同时延续了中网西藏公益行活动等。通过举办这些丰富的业余网球活动，中网不仅保持品牌的声量，还提升了国家网球中心园区的活力。

第四节　凝心聚力助力中网筑梦

一、整合赛事资源，凸显中网核心地位

在全球职业网球巡回赛的赛程中，9—10月被称为亚洲赛季。就全球职业网球巡回赛数量而言，中国是亚洲举办网球赛事最多的国家，位列世界第二，排名第一为美国。然而，中网面临一些挑战，上海劳力士大师赛不仅比赛时间与中网时间紧密相连，男子赛事的级别也高于中网赛事。武汉网球公开赛、深圳网球公开赛、天津网球公开赛、成都网球公开赛等，都集中在短短三周内举办，这些赛事之间既产生了无序竞争造成资源浪费，同时也分散了国内有限的网球市场。近年来，国内多座城市为举办高级别赛事而付出高昂的"学费"，这种热潮能否为中国网球发展带来质的变化也同样值得深思。一方面，国内没有形成职业体育需要的市场；另一方面，大量引进职业网球赛事，尤其是WTA巡回赛，造成了资源浪费和恶性竞争。WTA首席执行官西蒙表示，受疫情而停办的中

国网球赛季对WTA的收入影响很大，尽管具体数字并不清楚，西蒙讲话中透露在深圳举办的WTA年终总决赛费用远高于新加坡，而每年新加坡举办总决赛支付给WTA的费用为1400万美元。谢琼恒教授认为，中国目前承办的赛事太多，其实有些赛事是可有可无的。未来赛事举办应考虑人们的观赏需求，要与全民的体育生活需求紧密联系起来，而不是夸大体育对城市的促进作用，一味追求眼球效应，造成公共体育资源的严重浪费和自然资源的过度消耗。可以预料，未来一段时间，还会有职业网球赛事陆陆续续进入中国市场。因此，中国网球协会作为我国最高的网球管理机构，在引进赛事时，不仅要统筹考虑国内赛事的数量和级别，适当减少一些低级别和同级别的WTA赛事，还要努力引进一站ATP 1000赛事来代替中网ATP 500赛事。为切实提高从申办到办赛的质量和效益，积极推动中国竞技网球的全面协调可持续发展，中国网球协会出台了《规范引进国际网球赛事管理办法（暂行）》。中国网球公开赛作为国内唯一以"中国"来命名的赛事其重要性不言而喻，因此，欲将中网打造为"第五大满贯"，就必须从战略全局高度来思考现有的职业赛事布局。

首先，对国内现有的高级别职业网球赛事进行整合。日前，每年国内大大小小职业网球赛事多达74项，而绝大多数高级别的赛事都集中在9—10月。因此，这些赛事无序化竞争既是资源浪费，也没有太多实际价值。国家体育总局及其下属的各个项目管理中心所办的赛事大多缺乏市场导向，赛事虽多，赛事质量却不高。中国网球协会应当统一规划，优化现有的赛事资源，借鉴和学习美国网球协会、澳大利亚网球协会的创新做法，即美网前的系列赛、澳网前的热身赛等。围绕中网开赛前，打造赛事数量合理、等级结构科学的职业网球赛事体系。这就需要中国网球协会来牵头就现有赛事进行统一规划和布局，解决当下赛事过度集中、质量不高等问题，进一步整合国内所有赛事资源，形成统一的"大中网"发展格局。

其次，通过优化重组达到强强联手，大胆尝试中网与上海劳力士大师赛进行优化重组。上海具有举办体育赛事的优势与经验，成功举办了世界一级方程式锦标赛中国大奖赛、斯诺克大师赛和世界高尔夫锦标赛等，具有广泛的社会基础和群众基础。随着长三角一体化的国家战略实施，上海将迎来更大发展机遇。长三角一体化发展涵盖上海、浙江、江苏和安徽，约占全国四分之一的经济总量，是我国经济发展最活跃、开放程度最高、创新能力最强的区域之一。2019年，在上海市召开有关推进上海、江苏、浙江和安徽网球协会一体化发展的研讨会，达成许多共识，如定期举办长三角业余网球赛事。在中网不可能引进一站ATP 1000赛事的前提下，可以考虑将上海劳力士大师赛举办点移至北京，以此来提升中网赛事级别，进而打造成更具竞争力的世界顶级赛事。其实，从目前赛事环境和长远发展看，商业化、国际化程度最高的上海市更具备"第五大满贯"所需的条件，可以设想，未来"第五大满贯"落户上海并非不可能。比照四大满贯举办地城市特征，上海更适合举办国际性大型体育赛事。

二、依托地域优势，中网与北京融合发展

城市，因体育而生动，因体育而精彩。城市既是赛事的最重要载体，也为赛事的发展注入生机和活力，任何一项赛事发展的终极目标，都是和所在的城市完美融合，成为这座城市不可或缺的部分，成为这座城市闪亮的名片。众所周知，体育品牌赛事不仅能给举办地带来可观的经济效益，更能带来较大的社会效益。在经济全球化的背景之下，体育赛事的城市营销价值日益显现，如今的体育赛事早已超越了体育竞技本身，各类大型体育赛事凭借对国内外媒体和观众的强大吸引力，已成为城市对外交流的重要平台。有关数据表明，中网带动了北京经济增长。

2004—2012年，中网赛事总收入达4.5亿元，给北京各行业带来的间接效益82亿元，平均每届中网的产出效益为10.2亿元。体育赛事除了直接给赛事本身带来经济效益外，更重要的是带动了举办城市的交通、住宿、餐饮、旅游等行业的发展。2020年北京市国有资产监督委员会就中网公司划归首创集团时表示，要以中网赛事为龙头，把体育赛事、体育文化和体育休闲旅游等结合起来，提升商业运营和盈利能力。从中网外地球迷调查分析表明，15.23%的观众选择来北京旅游、30.71%的观众来北京出于追星或其他原因。从统计的数据不难发现，约46%的观众并不是纯粹因为观看中网而来现场，而是因为追星或旅游，进一步彰显中网赛事作为北京体育旅游品牌产品的优势。一方面，北京市拥有丰富的旅游资源。如长城、紫禁城、天坛、北海、颐和园等。作为历史文化名城，北京的四合院、胡同、牌楼、名人故居等，都是北京历史的见证，也成为不可或缺的文化遗存。北京也不乏现代化的地标建筑，如鸟巢、水立方、央视大楼、国家大剧院等。另一方面，北京拥有发达的交通网络。作为中国首都，北京是我国政治、文化中心，拥有与外界联系紧密的"陆、空"交通以及24条地铁线路，这些为外地球迷参观北京众多名胜古迹提供了交通便捷。

职业体育赛事能提升举办国、举办地的知名度和美誉度。中网作为北京的一张靓丽名片，通过电视等媒体进行赛事转播同时将"北京"这一品牌传播到世界各地。在电视转播中网、上海劳力士大师赛比赛画面中，时常会发现在球场底线附近标有"Beijing""Shanghai"等城市的字样，就是借助赛事进行城市宣传的一种有效途径。中网作为北京打造国际体育中心城市的龙头赛事，也是2008年奥运会后北京长期举办的规格最高的国际性体育赛事。通过中网北京可以吸引国内外大量媒体的广泛关注，北京的知名度也随之提高；中网能够积极推动北京国际体育中心城市建设，构建良好的北京投资与居住环境，推动北京"国际活动聚集之都，世界高端企业总部聚集之都和世界高端人才聚集之都"建设。

毫无疑问，举办任何大型体育赛事都离不开政府的支持。大型体育赛事涉及大规模的人流量，在此过程中，需要确保安全、交通秩序、物资供应、球员签证以及食品安全等多方面问题，这些都需要得到政府帮助与支持，为此，赛事组委会与政府之间应当建立一个畅通的信息渠道和绿色通道。目前，针对中网的发展，北京市政府可以提供以下几方面的支持。一是提供税收优惠来帮助中网，如返还运动员奖金个人所得税及部分营业税；二是给予中网更多的公益宣传资源、提供一些免费的公共广告空间；三是补贴中网公司因体制原因而无法获得的电视转播权收入、在中网男子赛事未升级为ATP 1000之前由于确保中网男子球员阵容稳定而支付的球员邀请费。

三、强化协会领导，加大中网公益投入

体育的公益性是国际公认的原则，不能以盈利为目的是对体育协会的基本要求。体育协会作为社会团体有其独特性，体育协会作为体育营销的主体，其组织模式和运营模式应该区别于其他社团组织。民政部门要区别对待，不应一刀切，而应遵从三个坚持：坚持体育的公益性、公共性；坚持发展体育运动，增强人民体质的方针；坚持为人民服务的宗旨。中网与四大满贯在目标上有所共通，即通过有效的管理与经营，扩大赛事的影响力，获取更多的利润，不同之处是四大满贯的利润除了一些必要的开支，全部用于回馈社会。而中网的利润除了用于一些必要开支，其他全部归北京中国网球公开赛体育推广有限公司所有。判断一种行为是否具有公益性，并不一定看它是否以市场原则来开展，而主要看盈利后的收益如何分配和使用。

公益是赛事使命，也是中网传统。"中国宋庆龄基金会中网公益基

金"的揭幕，开启中网支持、培养、发展中国青少年网球事业的公益之路。中网期间，网球公益活动再次成为嘉年华中的亮点之一。"中国宋庆龄基金会中网公益基金"和中网联手打造公益主题日，明星超模对抗赛、冠军绘画涂鸦墙、大学生公益海报设计大赛等多种多样的活动，受到现场球迷的广泛好评。此外，中网协助成立国内第一支孤独症青少年网球队，ATP ACES For Charity 捐赠 15000 美元。与美国网球协会、法国网球协会、澳大利亚网球协会和英国网球协会不同的是，四大满贯赛事都是由各自成立的公司经营，因大满贯绝大部分收入划入各自网球协会。中网实际上是公司具体经营，中国网球协会起辅助作用，中网财务收支与中国网球协会关系不大。2020 年，中网运营公司划转至国企首创集团，意味着中网运营公司真正转型为企业化运营。其实，中网运营公司从北京青年报社全资持有到划转至首创集团，都没有改变其公司性质，换言之，中网运营公司除了缴纳中国网球协会一定比例的费用外，剩余收入全部归中网运营公司所有。因此，中国网球协会作为我国推广普及网球运动的主体，由于缺乏资金自然很难发挥公益化作用。未来，中网运营公司应该在中国网球协会的主导下，发挥其公益化服务的社会责任，加大社区网球场地建设、举办业余网球赛事，加大教练员、裁判员、青少年的培训投入，有效履行网球社会公益责任。

正如中网运营公司前董事长张雅宾所强调的中网运营公司始终不是一个纯粹以盈利为目的的企业，它更加注重的是其公益性。体育产业的发展最终要达到促进人的全面发展、提升大众生活品质的目的。中网运营公司致力于创建具有公益性的体育事业，以人为本，在给社会作出有益贡献的同时也使得自身得到发展和壮大。公益事业虽然并不直接为企业带来利润，但它对企业潜在促进作用是显著的。同时，公益事业也是生产力，承担社会责任能提升企业的价值观和竞争力。中网一直致力于社会公益事业，成立网球基金会，通过举办明星表演赛获取的门票费全部用于帮扶困难儿童等。疫情发生后，中网也组织和参与了多种形式的公益活动，2020 年，中网以公益基金为平台，联合形象大使张帅发起了为武汉抗疫医护人员献爱心的公益捐助活动；中网证件系统支持了北京首都机场等疫情防控专项工作的证件管理工作。此外，投身公益事业可以有效提高中网美誉度，即扩大中网品牌影响力。相比四大网球公开赛，如今，中网投身社会公益活动的力度有限，究其原因，一方面，中网的商业吸引力与四大满贯相比还有差距；另一方面，四大满贯是由非营利性体育组织来经营与管理的。

后　记

体育赛事既是体育产业的支柱，也为人们精神生活提供营养。中网自创办以来，在近二十年内取得的成绩有目共睹，尤其是在硬件设施方面。不可否认，中网已发展为亚洲地区最具竞争力的职业网球赛事，为表彰中网突出贡献，WTA为中网颁发"WTA亚洲地区最具领导力赛事奖"。经过这些年的发展，中网的硬件条件不断升级、赛事组织服务日益优化，已具备相当的人气。但放眼国际，中网仍然是一项相对年轻的赛事，它的潜力还没有被充分挖掘，未来中网大有可为。

四大满贯已发展为网球行业的领头雁，其中既有历史文化因素，也有制度保障的支持。尽管四大满贯之间存在竞争，但更多的是利益共享。因此，从逻辑上看，短期内世界上出现"第五大满贯"的可能性并不大，而中网自创办之初就欲打造为"第五大满贯"，这表明了中网发展的终极目标。百余年历史的四大满贯已发展为世界知名品牌赛事，中网必须正视这种差距。我们无法现在超越四大满贯，但希望能在同样经历百年历程后能与他们并肩。然而，目前中网毕竟没有四大满贯那样的影响力和号召力，很难简单照搬四大满贯的成功经验，必须找到属于自己的发展路径。中网发展只有在历时性上符合职业体育发展的一般规律，在现时性上切合国情国力和阶段性发展特征，才能开创出一条具有中国特色的职业网球赛事发展道路。因此，中网在借鉴和学习四大满贯的成功经验基础上，如何构建符合国情、实情的本土化办赛模式显得尤为迫切。

限于时间、能力及水平，本书的疏漏之处，恳请指正。四大网球公开赛资料都是外文，主要以英文为主，其中，法网的资料多是法语，这对研究者的外语水平提出更高要求；此外，一些中网经营数据属于商业机密，尽管尝试了多种渠道，但也很难获取理想结果。本书是在国家社科基金项目结项报告基础上修改完善而成的，研究时间跨度为五年，因而资料不好集中在同一年份；研究体育赛事涉及学科较多，某些非体育学科内容的研究难免显得粗浅。在课题研究以及书稿撰写过程中得到诸多专家的宝贵建议以及中国网球协会领导和中网公司领导的无私帮助，书中还学习和借鉴了国内外专家学者的大量相关研究成果，一并致以诚挚的谢意！

后
记

主要参考文献

[1]MCCURDIE I,SMITH S,BELL P H,et al. Tennis injury data from the championships,wimbledon,from 2003 to 2012.[J]. British Journal of Sports Medicine,2017,51(7):607-611.

[2]GESCHEIT D T ,CORMACK S J ,DUFFIELD R,et al. Injury epidemiology of tennis players at the 2011—2016 Australian Open Grand Slam[J]. British Journal of Sports Medicine,2017,51(17):1289-1294.

[3]SMITH M T ,REID M ,KOVALCHIK S ,et al. Heat stress incident prevalence and tennis matchplay performance at the Australian Open[J]. Journal of Science and Medicine in Sport,2017,21(5):467-472.

[4]MA S M ,LIU C C ,TAN Y ,et al. Winning matches in Grand Slam men's singles：An analysis of player performance-related variables from 1991 to 2008[J]. Journal of Sports Sciences,2013,31(11):1147-1155.

[5]O'DONOGHUE P. Break points in Grand Slam men's singles tennis[J]. International Journal of Performance Analysis in Sport,2012,12(1):156-165.

[6]REID M ,MORGAN S ,WHITESIDE D . Matchplay characteristics of Grand Slam tennis：implications for training and conditioning[J]. Journal of Sports Sciences,2016,34(19):1791-1798.

[7] ZIMÁNYI R G, GECZI G. The Justice of the grand slam tennis

tournaments on the basis of draw, competition format system and final result: a case study of the us open 2017 men's singles tournament[J]. Physical Culture and Sport Studies and Research, 2019, 83(1): 26–38.

[8]CUI Y X, GOMEZ M A, GONCALVES B, et al. Effects of experience and relative quality in tennis match performance during four Grand Slams [J]. International Journal of Performance Analysis in Sport, 2017, 17(5): 783–801.

[9]SMITH M T, REID M, KOVALCHIK S, et al. Heat stress incidence and matchplay characteristics in Women's Grand Slam Tennis[J]. Journal of Science and Medicine in Sport, 2018, 21(7): 666–670.

[10]DEL CORRAL J, PRIETO-RODRFGUEZ J. Are differences in ranks good predictors for Grand Slam tennis matches? [J]. International Journal of Forecasting, 2010, 26(3): 551–563.

[11]Takahashi H, Wada T, Maeda A, et al. An analysis of the time duration of ground strokes in Grand Slam men's singles using the computerised scorebook for tennis[J]. International Journal of Performance Analysis in Sport, 2017, 8(3): 96–103.

[12]TORRES-LUQUE G, BLANCA-TORRES J C, CABELLO-MANRIQUE D, et al. Serve profile of male and female professional tennis players at the 2015 Roland Garros Grand Slam tournament[J]. German Journal of Exercise and Sport Research, 2019, 49(3): 319–324.

[13] DAVIS P, EDWARDS L. Is it defensible for women to play fewer sets than men in grand slam tennis? [J]. Journal of the Philosophy of Sport, 2017, 44(3): 388–407.

[14]FERRAND A, PAGES M. Image sponsoring: a methodology to match event and sponsor[J]. Journal of Sport Management, 1996, 10(3): 278–291.

主要参考文献

[15]SORRENTINI A,PIANESE T.The relationships among stakeholders in the organization of men's professional tennis events[J].Global Business and Management Research:An International Journal,2011,3(2):141-156.

[16]鲍明晓.中国职业体育评述[M].北京:人民体育出版社,2010.

[17]蔡俊五,赵长杰.体育赞助:双赢之策[M].北京:人民体育出版社,2002.

[18]陈正.职业网球赛制变化和奥运会网球设项变化对我国的影响及应对措施[J].武汉体育学院学报,2012,46(1):91-94.

[19]戴维·阿克.管理品牌资产[M].奚卫华,董春海,译.北京:机械工业出版社,2006.

[20]尔雨田.中国网球公开赛市场开发研究[J].体育文化导刊,2015(7):124-129.

[21]纪宁,巫宁.体育赛事的经营与管理[M].北京:电子工业出版社,2004.

[22]江若玫,靳云汇.企业利益相关者理论与应用研究[M].北京:北京大学出版社,2009.

[23]蒋宏伟,尹树来.对中国职业网球未来发展走向的思考[J].成都体育学院学报,2019,45(2):83-86,127.

[24]金龙,张皞昕.中外网球赛事收入模型比较研究:以温网、中网为例[J].武汉体育学院学报,2010,44(11):43-49.

[25]李承龙.国内外职业网球赛事赞助品牌比较研究[J].武汉体育学院学报,2016,50(10):52-57.

[26]李光斗.品牌竞争力[M].北京:中国人民大学出版社,2004.

[27]李明.体育产业入门[M].海口:南方出版社,1999.

[28]李娜.独自上场[M].北京:中信出版社,2012.

[29]李信.中西方文化比较概论[M].北京:航空工业出版社,2003.

[30]李彦.中国网球公开赛志愿者管理体系研究[J].北京体育大学学报,2013,36(2):27-32.

[31]梁高亮.职业网球赛事供需协同发展研究[J].体育文化导刊,2017(11):116-120.

[32]刘芳枝,陈林祥.中国职业网球赛事赞助收入影响因素研究:以中国网球公开赛为例[J].成都体育学院学报,2020,46(4):68-73.

[33]刘琨瑛,林如鹏.李娜四大满贯比赛报纸标题用语的主要特征[J].体育学刊,2014,21(1):61-64.

[34]刘青,唐小林,王良佐,等.对2004年法国网球公开赛我国女子双打技、战术水平的分析[J].北京体育大学学报,2005(1):112-114.

[35]刘青,田园.论中国网球职业化进程[J].北京体育大学学报,2007(06):831-833.

[36]刘圣中.历史制度主义:制度变迁的比较历史研究[M].上海:上海人民出版社,2010.

[37]彭道海,李承龙,陈刚.我国网球职业赛事顾客满意度研究:以武汉网球公开赛为例[J].武汉体育学院学报,2016,50(6):77-83.

[38]戚雪枫.中国网球公开赛网络营销策略研究[J].体育文化导刊,2014(1):124-127.

[39]孙晋芳.中国竞技网球发展的战略思考[J].北京体育大学学报,2010,33(5):1-4.

[40]孙晋芳.中国网球运动回顾、挑战与设想:2012年全国网球训练工作会议主报告[J].北京体育大学学报,2013,36(1):113-122.

[41]唐纳德·霍恩.澳大利亚人:幸运之邦的国民[M].徐维源,译.上海:上海译文出版社,1999.

[42]陶志翔.网球[M].北京:北京体育大学出版社,1999.

[43]汪蓓,万晓红.我国标志性体育赛事传播力研究:以"武网"为例[J].武汉体育学院学报,2018,52(7):34-39.

[44]王佳,房晓伟.中国网球公开赛商务开发研究[J].体育文化导刊,2018(4):84-88,109.

[45]王凯军,董取胜.四大网球公开赛的文化解析[J].西安体育学院学报,2008(6):27-30.

[46]王培火,蔡冬冬,韩世友.国家品牌生产力[M].北京:人民出版社,2012.

[47]吴强.2009年美网费德勒与对手网球技术比较[J].体育文化导刊,2010(12):40-42.

[48]徐飞,陈理娜.中国女子网球管理的"双轨制":职业化与举国体制的博弈[J].体育学刊,2013,20(1):44-47.

[49]杨青山,韩杰,丁四保.世界地理[M].北京:高等教育出版社,2005.

[50]叶胜年.西方文化史鉴[M].上海:上海外语教育出版社,2002.

[51]于文谦,戴红磊.我国职业网球赛事管理研究[J].体育文化导刊,2013(3):13-16.

[52]张兵.西方职业体育市场秩序演化与中国实践研究[M].北京:中国社会科学出版社,2017.

[53]张亮亮.职业网球赛事体系的结构特征研究[J].西安体育学院学报,2016,33(2):200-204.

[54]赵靓,杨曼.客观条件对2009年ATP 1000大师赛国内观众人数的影响[J].上海体育学院学报,2011,35(1):27-29,66.

[55]赵赟,李荣日.职业网球赛事品牌形象对品牌忠诚影响研究:感知

价值和信任的中介效应[J].沈阳体育学院学报,2019,38(5):62-70.

[56]郑森,徐剑.美国网球公开赛发展特征及启示[J].体育文化导刊,2019(4):90-93,110.

[57]周晓虹.中国中产阶层调查[M].北京:社会科学文献出版社,2005.

[58]朱小明.体育时尚制造:体育商业的娱乐秀[M].北京:人民体育出版社,2007.

主要参考文献